46

歴史のじかん

山崎怜奈
乃木坂46

はじめに

この本は、歴史の専門家でもなく、史学科卒でもない、ただの歴史好きが出す歴史本です。正直、依頼をいただいた当初、本の執筆という作業を想像できませんでした。スタッフさん以上に私が一番驚いていています。山崎、歴史本出すんですって!!

アイドルになった当初、個性や武器がないことに悩んでいました。競争が苦手で、他人と比べられない何かが欲しかったんです。でも、最終的にはどんなに頑張って身に付けた一芸よりも歴史好きであることのほうが注目され、「歴女」と呼ばれることが圧倒的に多くなりました。今思えば、大河ドラマのおかげで歴史への「好き」が高まり、アイドルになったおかげで「好き」を表に出せるようになりました。肩書きに縛られない「好き」が持つエネルギーって、かなり頑丈なんだと思います。

本書では、一年間MCを務めた番組「乃木坂46山崎怜奈 歴史のじかん」全五十回の放送から厳選した内容が、座談形式の本編と、各回から得た学びをもとに新たに執筆したオリジナルコラムの二本立て、全十四回で構成されています。

コラムテーマの多くは、人や社会に対する根本的な疑問と、本編テーマである歴史との「かけ算」で設定してみました。二十三歳から見える世の中は狭すぎるかもしれませんが、私を含め人が一度はぶつかりそうな悩みへの、ちょっとした視点のずらし方や、もっと気が楽になりそうな考え方を、提案してみました。これを読んでくださったあなたが、今より少しでも生きやすくなれば、この上なく幸せです。

目次　contents

第一回

十一年も続いた「応仁の乱」って何？

応仁の乱とは、室町時代の一四六七年から京都を中心に十一年間続いた内乱のこと。小学校の歴史の授業で習うなど、名前は聞いたことがあるけれど、内容はさっぱりという人が多いと思います。十一年間続いたゴタゴタというイメージの応仁の乱ですが、どうやら最近の研究では解釈が変わってきたそうです。そのあたりのことに触れていこうと思います。

今回の先生

伊東潤さん（作家・小説家）ビジネスマンを経て小説家に転身。吉川英治文学新人賞や山田風太郎賞など文学賞を多数受賞。著書に『野望の憑依者《よりまし》』（徳間文庫）など。

呉座勇一さん（国際日本文化研究センター助教）専門は日本の中世史。著書の『応仁の乱』（中公新書）は発行部数四十八万部を超えるベストセラー。

第一章　乱のきっかけは夫婦喧嘩？

■伊東説：応仁の乱は優柔不断な足利義政と妻・日野富子の確執が原因

山崎▼応仁の乱がどんなきっかけで起こったのか教えてください。

伊東▼応仁の乱は、室町時代の中期、八代将軍・足利義政の時代に起こった大乱です。その時代は、飢饉《ききん》によって疫病《えきびょう》が流行《はや》り、多くの人々が生きるのに必死な時代でした。ところが義政は、政治に対する興味を次第に失っていきます。

山崎▼なんと。将軍のくせに（笑）。

伊東▼青年となった義政は将軍権力の強化を図ろうとしますが、三管領四職といった官僚や守護大名たちに抑えられて嫌気がさし、「早く隠居したい」とまで言い出します。

山崎▼将軍って、その当時の日本のトップですから、誰もがなりたい役職なのかなと思っていましたが、義政は違ったんですね。

伊東▼はい。義政は弟で僧の義尋《ぎじん》を還俗《げんぞく》させて義視《よしみ》と名乗らせ、自らの養子とし、将軍の座を譲ろうとします。ところが翌年、富子が男子（のちの義尚《よしひさ》）を産むことで、将軍家の後継者争いが勃発します。そこから始まった確執が、応仁の乱のきっかけとなります。

山崎▼つまり、平たく言うと**「日野富子と足利義政の夫婦喧嘩《げんか》」**がきっかけになって、十一年もの長い争いが起きてしまったってことになりますね。

伊東▼それだけではありませんが、将軍家の内輪もめに守護大名たちの家督争いや権力争いもからみ、細川勝元《ほそかわかつもと》率いる東軍が十六万人、山名宗全《やまなそうぜん》率いる西軍が十一万人の総勢二十七万人が京都周辺に集まり、軍事衝突が断続的に起こりました。この戦いは、関ヶ原合戦のような双方が全力でぶつかり合う決戦があったわけではなく、小規模な戦いが京都各所で行われ、それが次第に各地へと拡散していったという特徴があります。

呉座説：応仁の乱はトラブルメーカー畠山義就がきっかけ

呉座▼足利義政と日野富子が揉《も》めていたのは確かですが、それがそのまま応仁の乱の原因というわけではないと私は考えています。私が考える応仁の乱のキーパーソンは、二人です。**畠山義就《はたけやまよしなり》と日野富子**。この二人をおさえれば大雑把《おおざっぱ》な流れはつかめます。

山崎▼畠山義就は守護大名だったとのことですが、どんな人なんですか?

呉座▼畠山義就は、ひとことで言うと、すごい暴れん坊です。ゴジラみたいな。そいつがいるところで戦が起きる。その畠山義就が山名宗全に呼ばれて京都にやってきたので、京都で戦が起きてしまう。それが応仁の乱です。

山崎▼とんだトラブルメーカーですね。もう来ないでいただきたい(笑)。畠山義就自身は、権力争いに興味があったんですか？

呉座▼いや、畠山義就は、偉い役職に就くとか高い地位に就くことには、たぶん興味がなかったと思います。畠山義就は、戦うことで自分の実力を見せつけ、自分の国をつくるという目標を叶えるために京都に乗り込んできました。

山崎▼なるほど。

呉座▼応仁の乱の他の参加者は、主体性や積極性のない人が多いんです。足利義政はその典型で、トラブルに対して受け身で対応しているから、何が何だかよく分からなくなる。一方で、畠山義就は「自分の王国をつくりたい」という己の意志で動いている。

山崎▼そこだけ切り取るとかっこいい！

呉座▼でもトラブルメーカーだから、周りの人にとっては迷惑なんですよね（笑）。

第二章　日野富子は悪女じゃなかった！

■悪女のイメージは、金儲けの巧みさから

呉座▼畠山義就と並ぶキーパーソンの日野富子ですが、山崎さんは日野富子にどんなイメージを持たれていますか？

山崎▼その時代には珍しい、血気盛んな女性っていう印象があります。それこそ義政がなよなよしているから余計に気の強さが目立つ。**世間的には北条政子、淀君とともに三大悪女として語られることも多い**ですよね。

伊東▼日野富子の悪女のイメージがなぜついたのかというと、蓄財がうまかったからなんですよ。非常に多くのお金を持っていて、それを東西両軍の大名に貸し付け、その利息で儲けていたという説があります。面白いのは、旦那の義政には山荘や庭園造りなどの贅沢《ぜいたく》な趣味がありましたが、そういったものには一切資金提供しないという徹底ぶりです。

山崎▼夫婦の財布の紐は日野富子が握っていたわけですね（笑）。たくましいですねー！

伊東▼実にたくましいです。ただ、富子は「金を貸してやるから国へ帰れ」といった形で乱を終息させようとしました。そうした意味では、**お金の使い方を知っていた**と言えます。

応仁の乱を終わらせたのは日野富子

山崎▼呉座先生が日野富子をキーパーソンとして挙げたのはなぜですか？

呉座▼日野富子が応仁の乱を終わらせたからです。もちろん足利義政も、最初は何とか応仁の乱を終わらせようとしていたんですよ。でも、だんだんやる気がなくなってしまった。それで代わりに表に出てきたのが、日野富子でした。

山崎▼ダメ夫の足利義政に代わって、妻が乱を終わらせたんですね（笑）。

呉座▼応仁の乱の頃には、室町幕府も衰えてきています。そうするとお金が集まってこなくなり、財政がどんどん悪くなりますよね。富子は必ずしも**自分が贅沢をしたいから金儲けをしたのではなく、幕府の財政を支えるために行ったこと**なんです。幕府にお金がなくなっているから、代わりに富子が稼いで、朝廷やお寺に寄付、献金したりしていた。だから、悪女って言うのはちょっとかわいそうかなぁ……。

山崎▼悪女というよりは、夫が放棄した仕事を代わりにやって、幕府を立て直そうとしていたんですね。

応仁の乱が十一年も続いた理由は畠山義就と足軽が原因

山崎▼応仁の乱はなぜそんなに長く戦いが続いてしまったんですか。

呉座▼やっぱりそこが一番よく分からないところですよね。応仁の乱では、東軍の総大将が細川勝元で、西軍の総大将が山名宗全でした。でもこの二人、応仁の乱の途中で病死しているんです。そして、応仁の乱の途中で、義政は富子との間の子どもである義尚に将軍の地位を譲るんです。なので、**戦いの原因となった問題は全て、乱の途中で解決している**わけです。

山崎▼それでもやめようということにならなかったのはなぜですか？

呉座▼一つ目の理由は、畠山義就。**野心が大きい人なので、「俺はまだ戦いたい！」と**。

山崎▼えーいいじゃん、丸く収めようよって言いたいですけどね（笑）。

呉座▼まだ戦いたいというやつが少数でもいると、引きずられちゃうんです。

山崎▼それで収まりがつかなくて、結局、十一年間も続いて、京都全体が焼け野原になってしまった。

呉座▼はい。もう一つ、**足軽の問題も非常に大きい**です。応仁の乱では、武士だけでなく、生活に困った人々が足軽として大名に雇われて戦いました。

山崎▼足軽とは、普段は農民や商人だけど、戦争になると雇われる歩兵のことですね。

呉座▼当時は食べ物がない時代だったので飢饉も多かったのですが、足軽は戦争をやっている間は食えるんです。つまり、戦争をやっているから必要なわけで、戦争が終わったら全員クビ。

伊東▼正規雇用じゃないですからね。でもそこが、足軽たちのたくましさに繋がっている。

呉座▼**足軽にとっては、戦争が続いてくれたほうがありがたい**んです。そういう足軽たちがどんどん暴れ出して、結局大名たちも抑えられなくなっていくんです。

山崎▼大企業の社長とアルバイトみたいな関係ですよね（笑）、非正規雇用だから。

伊東▼そうですね。次第にアンコントローラブルになっていくのが、この時代の面白さです。

呉座▼今でいうと、アルバイトがＳＮＳにイタズラ動画を載せて炎上してしまった、みたいな感じです。足軽たちによって京都がどんどん放火されて、焼け野原になってしまったんです。

応仁の乱の終焉

山崎▼先ほど、日野富子が最後に応仁の乱を鎮《しず》めたとおっしゃっていましたが、どうやって鎮めたんですか？　応仁の乱に関係した人だけでも、戦を続けたい人、終わらせたい人、やる気がない人……いろんな立場と状況が複雑化しすぎて、それを鎮静化するのは並大抵なことじゃないですよね。

伊東▼人間というのは様々な性格の人がいて難しいものです。例えば山崎さんは、女性だけのグループで活動していますよね。応仁の乱も然《しか》り、人が集まればいさかいが起こります。仮にグループが二派に分かれたとして、山崎さんだったらどうやって収めますか？

山崎▼乃木坂46は、平和な村なので、争いがないですが……（笑）。西軍、東軍のどちらかに付けって言われたら、「うーん、ちょっと保留で♪」と言って、ニコニコしていると思います（笑）。

伊東▼日野富子の場合、どちらかに付くことがあっても流動的で、資金不足に陥った大名の足元を見て金を貸し、お引き取りいただくという、まさに**人間操縦法の見本のような**

ことをやってのけました。

山崎▼でも、日野富子は自分の息子である義尚を将軍に就かせたいという気持ちがあったはずなのに、どうやって中立的な立場についたんですか？

呉座▼応仁の乱は途中から、「次の将軍を誰にするか」っていう話はどうでもよくなるんです。男同士のメンツの話になっていくわけです。

山崎▼あ、そっちか。議題がズレちゃったんだ（笑）。

呉座▼ここで負けを認めたらカッコ悪い、俺の男が廃《すた》る、みたいな。応仁の乱に参加している男たちは、そういうメンツとか、しがらみを抱えているわけです。そういう男のメンツと唯一無関係な存在が、日野富子だった。自分は戦わない人ですから。

山崎▼たしかに。中立の立場から、男たちの争いを見ていたんですね。

呉座▼だから、**富子が女性であることが、すごくプラスに働いた**んです。他の人たちは、戦にがんじがらめになっちゃって、動きたくても動けない、やめたくてもやめられないっていう状況の中で、富子だけは自由な立場から動くことができた。それは大きいと思います。

山崎▼客観的に状況を見て、いろんなことを判断することができた存在だったから、応仁の乱を終結に導けたんですね。

第三章　応仁の乱の勝者は「庶民」？

応仁の乱が戦国時代の幕開け

呉座▼応仁の乱をきっかけに、足軽などの庶民たちを抑え切れなくなっていく――すなわち、下剋上《げこくじょう》の時代、戦国時代に繋がっていきます。

山崎▼**幕府の権威が失墜することで、庶民が大名になる可能性が出てきた**んですね。

呉座▼一般的には北条早雲あたりが元祖戦国大名と言われます。

山崎▼**北条早雲は、下剋上により大名となった初の戦国武将とされる人物**です。

呉座▼戦国大名の定義は何だと思いますか？

山崎▼何だろう？　大名は、一国の主としてその国を強く、大きくするっていうイメージがあります。

呉座▼なるほど。では、他人の力を借りるのか、自分の力でやるのかという点ではどうでしょうか。それまでの大名は、基本的には将軍の力を借りて国を支配していたわけです。しかし**戦国大名は将軍の力を借りない。自分の力で自分の国をつくり、国を治める**。これが戦国大名の特徴です。

山崎▼そんな乱世で、しかも十一年間争いが続いた中で、幸せな人っていたんですか？

呉座▼畠山義就はわりかし楽しかったんじゃないかな。結構、自由にやっていたので。

山崎▼納得です！　戦国武将のはしりと言っても過言ではない存在ですね。

応仁の乱から、失敗について学ぶ

山崎▼応仁の乱のお話を伺って思ったのは、**「いろんな人の失敗」から学べることって多い**なということです。

呉座▼それはすごく大事なことで、私もそれを言いたくて『応仁の乱』の本を書きました。

山崎▼やっぱり歴史って、どうしても勝者のほうに目を向けがちだと思うんです。でも、流れの中でいろんな失敗があったことが、のちの世代にも受け継がれてこそ、よりよい世の中をつくることができます。「失敗から学べ」とは正にこのことで、その元祖が応仁の乱なのかなと思いました。

column

応仁の乱 × 怒り

教科書には喜怒哀楽が載っていない。そのため、いつまでも日本史は暗記科目のまま、表面的な出来事の羅列になってしまっている。

だが、応仁の乱が「日本史上最大最凶の大婦喧嘩」と言われているように、実際には侵略や戦争のたびに人々の怒りが剝き出しになり、ぶつかり合ってきた。きっと、歴史の分岐点は、喜びや楽しみよりも、怒りや哀しみに潜んでいると思う。

ところで、その延長線上にある今、「怒り」は迷惑なものとされる傾向にある。人の感情の根っこの部分は昔も今もさほど変わらないはずなのに、確実に昔のほうが怒りに正直で、他人の怒りにも寛容だった。自分が他人に迷惑をかけることを恐れすぎて、他人が自分に及ぼす迷惑にも厳しくなったのだろう。

私は、素直に怒れない。怒る、ということは、自分の感覚を肯定できている、ということだと思う。私はその前に疑ってしまって、怒りを選択できないのだ。本当に自分が正しいんだろうか、何か間違っていないだろうかと。

血圧や心拍数が上がってカッとなってしまうのは先天的な仕組みだ。気持ちではどうしようもないはずなのに、膨らんだ感情がシュウウウッと萎んでいく。そのまま消えてくれたらいいのに、言葉にならず、昇華せず、体内に沈殿して、くすぶる。それはものすごく体に悪くて、怒り慣れていないと重さに耐えられず、あっという間に追い込まれてしまう。怒りに自覚的であり続けることは結構しんどいし、切り捨ててしまったほうが楽なときもある。

と言いつつ、死ぬまでに何度も怒りと向き合わされるのに、いつまでそのやり過ごし方で乗り切ることができるのだろう、という思いも、私の中にあった。怒りから元の感情に戻ることさえも難しいのに、無視して蓋をするばかりでは、いつか自分自身が潰されてしまう気がする。

何も主張しない傍観者が尊ばれる社会は、全然優しくなんかない。過度なアンガーマネジメントは、笑いたいから笑うのではなく、ただ口角を上げて同調するだけの人間をつくり出す。

怒り自体が悪だとは思わないし、なかったことにはしたくない。怒れるかどうかで、どれくらい当事者として生きているかが分かる。なぜ怒るのか、というところで、自分の器のサイズを確かめることができる。それは譲れない信念や価値観が浮き彫りになった結果であり、心の器を測る上で大切なものだと思う。

二〇二〇年は、心が痛くなることも多い一年だった。前を向かないとダメだ、という空気に追い立てられて、分断ばかり目にする日々に、麻痺してしまったような気がする。

私たちはみんなもう結構頑張っているし、生きているだけで充分だ。元気がなくなると他人を罰し罵る力ばかり強くなってしまうけれど、私たちは本来、許し歩み寄る力も持っているはずだ。だからこそ、いつだって嘘がないほうが良いし、私たちは私たちの人生を、大切に生きられる世界であれ、と願っています。

皆さんは、怒りたいときに怒れていますか？　体内の毒素が溜まっておかしくなりそうなときもあると思いますが、自分の心と感情は、どうか切り離さないであげてください。

歴史のじかん

Rena Yamazaki

第二回

本当の「合戦」の話をしよう！

応仁の乱をはじめ、さまざまな合戦が史実として残っていますが、そもそも合戦とはどのように始まって、どのように終わっていくのか、どのような人々が参加していたのかなど、知らないことが多いですよね。私もちょうど勉強しておきたかった分野です。学校では教えてくれない、本当の合戦の姿を一緒に追っていきましょう。

今回の先生

河合敦さん（多摩大学客員教授）高校の日本史教員経験を生かした分かりやすい解説が人気。著書に『河合敦の戦国武将 命運を分けた決戦7名勝負7』（日本文芸社）など。合戦の戦術や戦略が魅力的だと思い、注目し始めた。

乃至《ないし》政彦さん（歴史家）陣形・戦術を通じて武将の人物像を研究。著書に『戦国の陣形』（講談社現代新書）など。合戦からその人の考え方や組織運営の仕方などを読み解く。

第一章　合戦の変遷

■合戦≠現代の戦争。スポーツと近かった!?

山崎▼合戦と聞くと、騎馬隊が戦地を駆け巡ったり、鉄砲を持った足軽たちが規則的に並んで戦ったり、そんなシーンを思い浮かべます。実際のところはどんな様子だったんですか？

乃至▼時代とか地域によって変わってきます。例えば、**いわゆる武士と呼ばれる人が戦っていた最初の頃は、ちょっと「喧嘩」に近い**んです。

山崎▼え？

乃至▼決闘状を送り合って、何月何日にここで落ち合って、やり合おうと約束します。お互いに百人ずつ連れてきて、弓を放って、俺のほうがうまいだろうと腕を見せ合う。**当時はスポーツらしいスポーツがなかったから、それも兼ねていた**んでしょうね。

山崎▼オリンピックのようなものだったのでしょうか？

乃至▼はい。お互いの強さを認め合うような部分もありました。今の戦争のように、負傷者がむやみやたらに出るような形ではなかったかもしれない。

山崎▼一対一で、侍同士のメンツを競い合って、しきたりを守りながら戦っていたんですね。

乃至▼それがどんどん現代の戦争に近くなっていったのが、戦国時代からです。

合戦いろいろ

河合▼三方ヶ原の戦いってご存じですか？

山崎▼武田信玄率いる三万人の武田軍と、徳川家康率いる一万一千人の徳川軍が戦った合戦ですね。

河合▼そのとき、**武田軍が徳川軍を挑発するために、前哨戦で石をぼんぼん投げつけた**という記録が残っているんです。

山崎▼砲丸投げの砲丸みたいな大きさの石ですか？

河合▼いや、もっと小さいものを相当なスピードで投げていたと考えられます。

山崎▼子どもみたいですね……（笑）。それ、合戦って言っていいんですか？

河合▼他にも、**まだ青くて実っていない段階の田んぼの稲を刈ってしまう**という嫌がらせも合戦の一つなんです。

乃至▼**今でいう「破壊工作」**ですね。言い方を換えれば、生産力の拠点を破壊するということです。

河合▼「そんなことをされてしまったうちの殿様、ダメだな」と、人々の心が離れてしまうので、結構、いい戦略なんですね。

山崎▼ **一見ゆるい戦い方のようで地味だけど、敵将の求心力を奪うことができる**んですね。

第二章　参加者の大部分はアルバイト？

兵士は侍ばかりではなかった？

山崎▼ 私たちが思い描く合戦が行われるようになった戦国時代には、どれぐらいの人数が参加していたんですか？

乃至▼ 数千から数万人単位です。例えば、徳川家康と石田三成が戦った関ヶ原の戦いのときは、両軍合わせて十七、八万人ぐらいが集まりました。

山崎▼ そんなに集まるんですね！

乃至▼ ただ、**集まっている全員が侍ではない**んです。

山崎▼ え？　違うんですか？

乃至▼ 侍もいますが、**兵力の多くは足軽とか雑兵《ぞうひょう》などの歩兵**です。もともとは侍ばかりで行っていたのですが、大きな合戦になると人数が足りないため、どんどん歩兵を補充しました。彼らは、**今でいうアルバイトのような感じ**。ある合戦限定で雇われて戦っていました。

歩兵たちの戦場メシ

山崎▼歩兵たちは、参加が決まると何か準備をするんですか？

乃至▼そうですね。**必ず三日分の食料は持ってくるように**言われていたという記録がありま す。そのあとは、大将から少しずつ兵糧《ひょうろう》を支給していたようです。

山崎▼でも、自分たちの本拠地から、かなり離れた場所に遠征して合戦を行っていたら、三日分じゃ足りないですよね。

乃至▼そうなんです。でも、たくさん米をあげすぎると、麴種《こうじだね》を持ち込んでお酒を造る人が出てくるので……。

山崎▼え……？　想定外というか、そんなにお酒を飲みたいんですか（笑）。

河合▼歩兵の食糧といえば、インスタント味噌汁を持っていく人が結構いたようです。サトイモのつるを編んで、お味噌と一緒に煮詰めて、それを干して縄みたいにしたものです。

山崎▼おいしそう！

河合▼戦いが終わって、おなかがすいたら、自分のかぶっている陣笠《じんがさ》を逆さにして、お水を入れて。

山崎▼陣笠って、戦いのときにかぶっている鉄製の笠ですよね？

河合▼そう。そこでお湯を沸かして、かき混ぜて、インスタント味噌汁を飲んでいたそうです。

山崎▼で、食べ終わったらまたかぶるんですね。……でも、できたら洗って使っていてほしいですね（笑）。

足軽たちの戦い方

山崎▼バイト感覚の足軽たちは、戦地でどのように戦っていたんですか？

河合▼**装備は全部、基本的に自前**です。ただ、戦はいつもしているわけではないですよね。戦をしていないときに、自分の武具を賭け事に使って博打をしちゃうやつがいる。

山崎▼自前の装備なのに！

河合▼博打で負けて武具を取られてしまい、素っ裸に近い姿に竹槍で戦っている人もいたという記録が残っています。……でも、そういう人って強いんです。

山崎▼え？　なぜですか？

河合▼自分の手元に何もないので、何とか負けた元手を取り返そうと、必死に戦って、敵から武具を奪い取るという目的があるからですね。

山崎▼なるほど……。うーん、あまり褒められたものではないですね。

第三章　合戦のタイミングは「軍師」次第

当時の軍師は、武将ではなく僧侶や修験者

山崎▼足軽たちを率いた武将は、どのようなタイミングで戦いを始めるんですか？

河合▼最終的な決断は、大名や武将だと思うんですが、軍配者とか軍配師と呼ばれる、いわゆる「軍師」の決定も少なからず影響していたみたいです。

山崎▼軍師というと、大河ドラマの『軍師官兵衛』を思い出します。

河合▼はい。しかし実は、**当時の軍師は黒田官兵衛みたいな大名クラスの重臣ではなく、お坊さんとか修験者《しゅげんじゃ》などが多い**んです。

山崎▼そうなんですか？

河合▼**占いや易学を駆使して、合戦のタイミングを決めていた**ようです。例えば、暦で日がいい悪いとか、雲とか天体の動きを見て、夕方の五時に出陣したほうがいいとか。そういうことをしていたのが軍師なんです。

山崎▼なるほど。当然、屋外ですから、気象予報をもとにして戦うのは分かります。でも、占いは参考にしていいんですか？

乃至▼占いを方便に使っていたとも考えられます。この日に合戦を仕掛けたいのに、部下が

納得してくれないときは、大将は占いを口実に「この日は占いで決まったから、みんな言うことを聞けよ」と説得していたのではないかと。

占いや験担ぎが大切だった合戦

山崎▼占いを素直に聞くほど、従順な部下たちだったんですね。

河合▼意外に当時の人々は占いを信じていたんです。例えば島津氏の記録を見ると、おみくじで戦うかどうかを決めていたという記録があります。

山崎▼戦術とか自分たちの経験は一切関係なく、占い次第で選んでしまうこともあったんですね。

河合▼はい。あとは験担《げんかつ》ぎもします。例えば、出陣するときに馬小屋で馬がヒヒーンって鳴いたらラッキー、吉です！　でも自分が馬に乗って出発するときに、馬がヒヒーンって鳴いてしまったら、凶！

山崎▼違う違う、絶対お馬さんの気分次第！

河合▼そうなんですけど（笑）。一応、合戦に関する占いのマニュアル本があって、それに則っていたようです。

第四章　戦国一の策士・上杉謙信

戦国時代に合戦で使われていたと言われる「戦国八陣」

山崎▼ここまで、まず「合戦が始まるまで」のお話を伺ってきました。では実際、戦国武将たちはどのように戦っていたんですか？

乃至▼合戦の方法として、**「戦国八陣」という八つの陣形があった**と言われています。魚鱗《ぎょりん》、鶴翼《かくよく》、偃月《えんげつ》、鋒矢《ほうし》、方円《ほうえん》、長蛇《ちょうだ》、衡軛《こうやく》、雁行《がんこう》の八つです。例えば鶴翼の陣は、横に開いて、敵が近づいたら左右から包みこむ形になるモノです。ただ、ちょっと不思議なことがあるんですよ。

山崎▼何ですか？

乃至▼もし鶴翼の陣と戦うとして、敵に囲まれそうになったら、逃げたらいいですよね。真ん中に突っ込む必要はないわけです。

山崎▼そうですね。

乃至▼「戦国八陣」の陣形は中国から伝わったと言われています。先ほどもお伝えしたように、歩兵たちはアルバイトみたいなものです。あらかじめ打ち合わせもなく、矢印形に並んでくださいって言われても、おそらくむちゃくちゃになると思うんです。訓練する時間もないですし。

山崎▼たしかに、現実的じゃないですね。訓練していなくても分かりやすいような戦術じゃないと、うまくまとまらないですよね。

乃至▼そうです。だから**八陣って、たぶんそんなには使っていない**と思います。

弓より簡単な鉄砲が、合戦を変えた

乃至▼鉄砲が戦国時代に爆発的に広がりました。それによって戦国時代の合戦は大きく変わっていきます。

山崎▼そうなんですね。

乃至▼まず、**鉄砲は弓矢と違って技術がそこまで必要ではない**。

河合▼弓は、訓練しないといけませんしね。

乃至▼今でも弓道部があるぐらいですから。

鉄砲を活用した上杉謙信　その戦術とは？

乃至▼鉄砲というと、長篠合戦とか川中島合戦とか、鉄砲が活用された有名な合戦はいっぱいあります。それらで**どのような戦術が使われたか見ていくと、鉄砲がどれだけ重要**

だったか、よく分かるんです。

山崎▼詳しく教えてください。

乃至▼上杉家の記録では、これが基本的な隊列だったと言われています。

敵軍

鉄砲隊　弓隊　長槍隊　騎馬隊

鉄砲隊　弓隊　長槍隊　騎馬隊　大将

乃至▼上杉謙信が用いた、「車懸《くるまが》かり」という縦長の隊形です。まず先頭にいるのが鉄砲隊。次に、もっと飛距離の短い弓矢を使う弓隊がいます。次に、長槍隊がいます。最後に侍が馬に乗って待っている。こんな感じの並び方。でも、少なくともこの隊列だと、**当時の鉄砲というのは、敵を射殺するために使われていません**。

山崎▼敵を脅すためですか？

乃至▼はい。**脅して陣形を崩させるため**に使われているんです。

■ 敵を殺すためではなく、脅すための武器の使い方

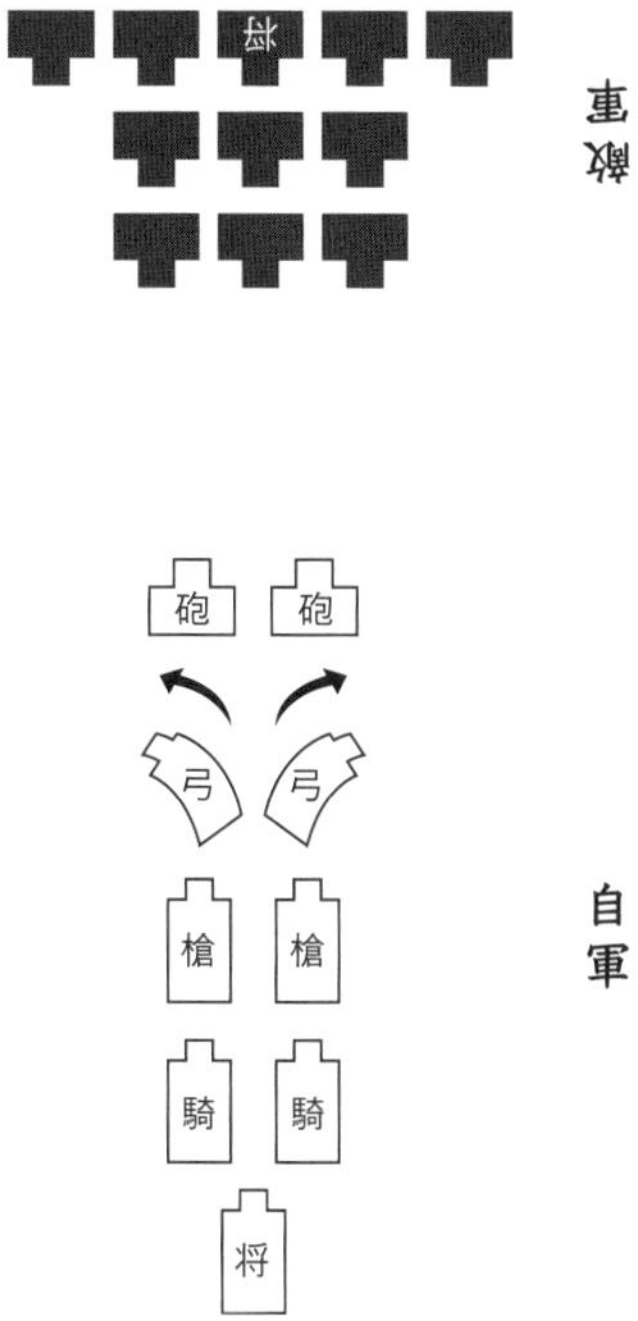

乃至▼まず鉄砲隊が敵の前に来て何をするかというと、横に広がります。横並びになって射撃します。前に倣《なら》って弓隊も同じように並びます。鉄砲隊が撃ち終わった頃に前に出て、敵との距離が縮まっているところで弓矢をさらに放ちます。

山崎▼鉄砲で脅されて陣形が崩れて、てんやわんやになってるときに、ちょうど弓矢が追い討ちをかけるんですね。

乃至▼そうです。そして次はいよいよ長槍隊の人たち。どんどん前へ行って、その乱れたところを押していくわけです。長槍は五メートルぐらいの長さなのですが、これも敵を殺すことが目的ではありません。

山崎▼長槍で、**攻め込むための道をつくる**んですね！

乃至▼そうなんです。

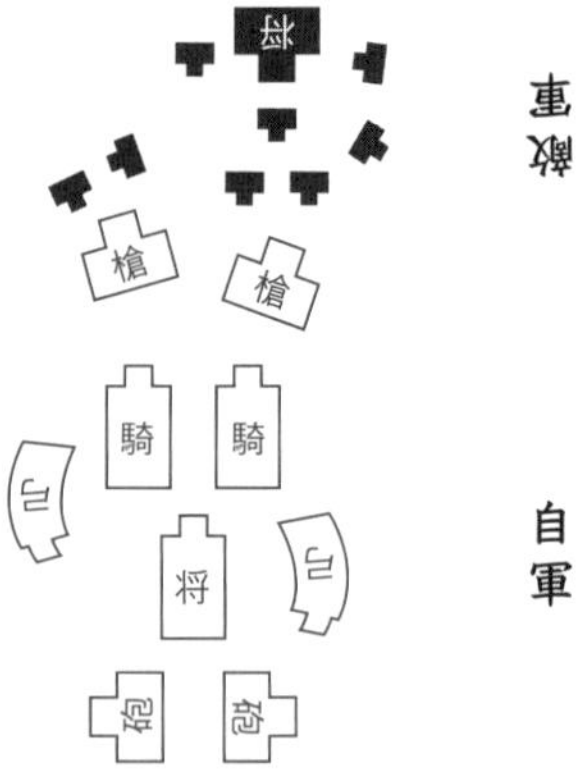

弓と鉄砲が退き、
長槍が乱れた敵軍を足止め

乃至▼号令次第では、**押し開いて道をつくれます**。あるいは長槍で**敵を足止め**して、その間に脇から騎馬隊のお侍さんたちが攻め込むこともできるかもしれない。……というように、戦術を立てることができます。

山崎▼なるほど。でも、敵の足軽たちが、騎馬隊を攻撃するようなことはないんですか？

乃至▼基本的に、足軽たちは侍じゃないから、槍を持って、その役割をするだけなんです。主な仕事は敵の足止めですね。なので、決死で戦う必要はないんです。

山崎▼そっか。しかもアルバイト感覚ですからね。

乃至▼ドラマとかだと、足軽たちが必死に騎馬隊の武者に「ヤー」って切りかかって、刀で斬られて「ギャー」みたいなシーン、よくありますが……。

山崎▼ないんですね。本当は。

乃至▼川中島合戦ではこの戦術をうまく使って、最後の騎馬隊の中に謙信が交ざっていたんです。これで武田信玄の首を取ろうと、上杉謙信は頑張った。画期的な戦法でした。

山崎▼それまでは誰も思い浮かばなかったであろう、配列の仕方ですね。**謙信が戦国時代の合戦の先駆け的な存在だった**のか。

乃至▼そうなんです。**幕末も同じような陣形で戦っていました**。

山崎▼カリスマですね！　すごいなぁ。

column

戦国の合戦 × 戦いたくない人

そもそも私、戦うのが嫌いなんです。人と競争したくないって、本気で思っています。できるだけ戦わなくて済む方法を模索して生きてきた人間なので、これまでは「合戦」に対してあまりいいイメージがありませんでした。正直、興味を持とうとさえしていませんでした。

まず、どうして戦うことに抵抗があるのか説明させてください。自分が傷付くことを恐れたり、誰かを傷付けることに抵抗があったりするというような「いい人」的な理由ではありません。

小学校高学年のとき、クラスの女子たちはいくつかの仲良しグループに分かれていました。その集団ごとに行動をするようになるので、それ以外の人たちのことがどんどん分からなくなる。人は「知らない」ものを恐れる傾向にあるので、場合によっては他の集団のことを憶測や感情に任せて悪く言うようになる。私にはそれが耐えられませんでした。だからどこにも属さなかった。

アイドルは特に優劣をつけられがちですが、それも本当は苦手です。在籍している乃木坂46のメンバーは魅力的で可愛い子たちばかりで、「なんでこんなにみんないい子なんだろう」と本気で感動します。でも、周りが眩しくてコンプレックスを感じることも、落ち込むこともありました。「モデルになりたい」「女優になりたい」と明確な夢を語るメンバーが多く、「〇〇軍団」と称したグループ内ユニットも増える中で、どっちつかずな自分はここでやっていけるのかなぁと何度も悩みました。

好きな言葉は「永世中立国」です。とにかく群れと派閥が苦手なんです。人と比べて、私はここが劣っているとか追いつきたいとか、そういう存在をつくって成長しようとか、思いたくありません。勝ち負けで気持ちを上下させるようなことはしたくない。だから、ずっと「ライバル」もいません。

戦わずに済む方法を考えるか、自分のフィールドで戦える状況をつくるか。常にこの二択で生きてきました。戦わないために、比べられないようなことをしたい。これが私の考えです。

この生き方でもいいんだと思えるようになったきっかけは、中国春秋時代の兵法書『孫子』でした。もともと兵法書は、戦に勝つための教科書です。そして日本でも、錚々たる偉人たちが『孫子』を愛読していたそうです。戦国時代でいうと、毛利元就や武田信玄、徳川家康。江戸時代後期では吉田松陰や西郷隆盛、明治時代では、日露戦争で知られる東郷平八郎や秋山真之《さねゆき》。今でも、優れたビジネス書として世界中の経営者に読まれています。

この本に書かれている戦術の核となるのが、「〝負け戦はしない〟に尽きる」という考えでした。多数の国家が乱立して戦が絶えない混乱期に書かれた兵法書なのに、「戦は犠牲が出るしお金もかかるから、やらないほうがいいよ」と言い聞かせてくるのです。まさに、「戦わずして勝つ」が最強だよと。

とはいえ、周りと異なる自分を認め、劣等感から解放されるまでには、時間がかかりました。では何をしたかというと、目標を決めなくなったんです。もともと人生の目標があったわけではないのですが、インタビューで「今後の目標は何ですか？」と聞かれるたびに「目標意識」を持たなくてはいけないと言われているような気がしていました。

でも、やっぱり目標を決めると、自分の中でそれと戦ってしまう。下手に目標を持つと、そこまで到達できなかったときのダメージが計り知れないんです。自分にうんざりしてしまう。だから私は目標をつくりません！　今ある幸せを抱きしめて、頑張ります。

それもあって、昔に比べて、劣等感を抱かなくなりました。ドライヤーで髪を乾かしてるだけでもえらい、メイクを落として、ベッドにたどり着けただけでもえらい、翌朝着るシャツにアイロンをかけるなんて、もうめちゃくちゃえらい。自分への評価基準をなるべく底辺に設定しておくと、幸せに生きやすくなると思います。

そして、「できるだけ戦わなくて済むような居場所」を手に入れるまでの間は、手持ちの武器で戦わなくてはいけないと気付きました。せめて、自分が今持っている武器が何で、どう使えば効果的なのかくらいは知っておく必要がある。ここだけは、戦国時代も現代も、リアルもバーチャルも同じです。モンハンだって、武器の特性を知っておかないと使えないでしょ？

ただ、この戦いの相手はメンバーではなく、自分でもなく、世間です。しかも、何かを排除するための戦いではなく、浸透させるための戦いです。受け入れてもらおうとするのではなく、溶け込む。気付いたら、いるのが当たり前になっている。そのほうが、抵抗は少ない気がします。

番組を通して「合戦」の変遷と概要は摑《つか》めたものの、まだまだマニアとまでは至っていません。でも、戦を学ぶ面白さは少しだけ理解できた気がします。

私は本を選ぶとき、作者の人柄が投影されるような、向こう側に作者が見えるような作品が好きです。作品から作家の人柄が伝わるように、合戦を見るとその武将の思想や組織運用、クセさえも何となく感じ取れるような気がしました。さらに、いくつか比較していくと、時代背景も映し出されていることが分かるのかも。

そう考えたら、武将の総合知が生み出した作品とも言える合戦は、歴史の理解に深みを増す要素になるのかもしれません。まだまだ私の「戦アレルギー」は根深そうですが、これからも少しずつ魅力を学んでいきたいと思っています。

歴史のじかん

Rena Yamazaki

第三回

ただのおじいちゃんじゃなかった　茶人・千利休

千利休は、戦国時代から安土桃山時代に活躍した茶人（一五二二〜一五九一年）で、織田信長や豊臣秀吉にも仕えたと言われている人物。茶道の場だけでなく、空間の造り方や、お花などいろいろなことに長《た》けていたという印象が、非常に強いです。名前を知っている人は多いと思いますが、今回は千利休にまつわるミステリアスなお話をいろいろ伺いたいと思います。

今回の先生

伊東潤さん（作家・小説家）　ビジネスマンを経て小説家に転身。吉川英治文学新人賞や山田風太郎賞など文学賞を多数受賞。『天下人の茶』『茶聖』などの自身の著書には、戦国時代の陰の立役者、フィクサー、またはプロデューサー的な立場として描かれた千利休が登場する。

宮下玄覇《はるまさ》さん（宮帯出版社代表取締役・古田織部美術館館長）　古美術を通した歴史研究のほ

か、茶道具に関する著書も多数。織部流茶人。宮帯出版社からは「茶人叢書」シリーズなどを刊行。京都の北山の古田織部美術館では、織部関係の美術品・歴史資料を展示。（織部は、武将茶人。千利休の高弟で、利休の死後茶の湯の後継者となった人物）

第一章　日本初のバブルを起こした男⁉

商家の生まれの、「商人茶人」

山崎▼ドラマなどで出てくる千利休といえば、「落ち着いた、お茶を嗜《たしな》んでいるおじいちゃん」みたいな印象が強いですが、ここまで世間一般に広く知られるようになったのは、なぜですか？

伊東▼**利休は、大阪の南にある堺という町の出身です。**「魚屋《ととや》」という商号の商人の家に生まれ、「納屋《なや》業」と呼ばれる貸し倉庫業を営み、魚や干物なども扱っていました。

山崎▼もともと商人の生まれだったんですね。

伊東▼そうなんです。室町時代までは、茶の湯といえば「茶坊主」と呼ばれるお坊さんが淹れるものでしたが、信長以降は一変し、商人が中心になって茶の湯が流行ったんです。この**「商人茶人」**の典型が利休です。利休は七歳のときにお茶の道に入ったと言われています。少年時代、当時の第一人者と呼ばれていた武野紹鷗《たけのじようおう》に弟子入りして、そこで茶の湯の修業を積み、堺を代表する茶人の一人になっていくわけです。

山崎▼ **武野紹鷗は、戦国時代の堺の豪商茶人で、茶の湯の第一人者**ですね。**千利休は十八歳のときに弟子入りした**そうですが。

伊東▼ その頃のエピソードとして有名なものがあります。師匠の武野紹鷗から客が来るので庭を掃除しておくようにと言われた利休は、いったん庭をきれいに掃きます。ところが、全く風情《ふぜい》がないことに気付き、木に登って葉を落としたのです。つまり自らの作意によって自然を表現したのです。それを見た武野紹鷗は、利休が「侘数寄《わびすき》」を理解し、その才能が並々ならぬものであると見抜いたと言われています。

山崎▼ **利休には若くして美的センスが備わっていた**のですね。

信長や秀吉が茶の湯に目をつけた理由

山崎▼ その当時の茶人の地位や世間的な役割は、どのようなものだったのですか？

宮下▼ 信長は入京後、堺商人の財力に目をつけ軍資金目当てに干渉し始めます。その堺の豪商茶人の津田宗及や利休との繋がりで、茶の湯に目をつけた。

山崎▼そこから**織田信長の茶頭《さどう》として仕える**ことになったんですね。

伊東▼信長は、戦国時代に茶の湯の有用性を理解した最初の人ですが、重要なのは「何のために茶の湯に目をつけたのか」です。天下平定戦をこれから行おうとしている信長にとって、頭が痛いのは功を挙げた家臣に分け与える土地が足りなくなることです。つまり土地の代替になるものを探しました。そこで見つけたのが「東山御物《ひがしやまごもつ》」などの名物です。室町時代に大陸から渡ってきた「唐渡り《からわた》」と言われる名物茶道具を、功臣に分け与えることで、それをステータスにし、土地の不足を補おうとしたのです。

山崎▼信長は、限りある領土ではなく、茶器を褒美にして補いたかったと。ちなみに、「東山御物」というのは、足利将軍家が代々収集してきた唐物《からもの》で、絵画・墨跡《ぼくせき》・茶道具などがあるみたいですね。

伊東▼はい。しかし問題は、名物にも限りがあることです。それで信長が次の一手を考えようとしていたところで本能寺の変が起こり、最上級の品々が焼けてしまいました。

山崎▼そっか！　災難ですね……。

伊東▼次の天下人になった秀吉も、信長と同じ土地不足に直面するわけです。信長から受け継いだ名物にも限りがある。そこで権威者を創り出し、「今焼《いまやき》」と呼ばれる新しく焼いたお茶碗を「これにはたいへんな価値があります」とその権威者に評価させ、それらを土地の代わりに配ろうと思い付いたのです。それにより上は天皇から下は民まで、茶の湯の一大ブームを起こそうとしました。その権威者兼プロデューサー的な役割を担わされたのが、利休だったのではないかと、私は考えています。

山崎▼「利休ブランドの茶器」を領地の代わりに褒賞としたというわけですね。

伊東▼利休自身、堺の商人ですから、自分が「これはすごいものだ」と言うだけで、その茶碗に何百万何千万円という値打ちがつくのは、商売としてもおいしいわけです。それで、うまく二人の利害が一致し、現世と精神世界の天下を分け合おうとなったのです。

山崎▼武将の思惑と商人の利益が一致して、新たなビジネスが生まれたんですね。

戦国のプロデューサー・千利休が考案したモノ

山崎▼茶室というと、入り口が結構狭い「にじり口」が特徴ですよね。

伊東▼二尺二寸四方（約六十六センチ）と小さいものです。**千利休が考案したと言われていますが**分かりません。でも多分、こうしたねじくれた趣向は利休の発想でしょうね。

宮下▼利休が淀川あたりで船の入り口を見かけて、これはいけるんじゃないかと考えて取り入れたと言われています。

山崎▼それで入り口を狭くして、特徴的な空間にした、と。

伊東▼それにはさまざまな説があります。刀を腰に差したまま入れないようにしたという説もありますが、空間に区切りをつけることで、俗世のことを忘れ、心を空にして茶の湯に対峙するという意味が強かったと思います。また茶の湯用語で「一視《いっし》同仁《どうじん》」という言葉がありますが、武士というのは高慢なので、入り口で頭を下げさせることで、「茶室に入れば参加者は全員平等」という意識を植え付けさせたという説もあります。

山崎▼「一視同仁」。全てを平等に慈しみ、差別しないこと、ですね。

お茶とキリスト教の意外な共通点

宮下▼近年、お茶とキリスト教が関係あると言われているんですよ。

山崎▼お茶とキリスト教!?

宮下▼イエズス会宣教師が、キリスト教布教のために日本に来ていたのですが、利休門下にも、キリシタンがいっぱいいたんです。高山右近とか。

山崎▼「利休七哲《しちてつ》」の一人ですね。**「利休七哲」は千利休の高弟七人のこと**ですが、その多くは**キリシタン、もしくはキリシタンの理解者だった**と言われています。

宮下▼例えば「にじり口」に関しても、「狭き門より入れ」という言葉とリンクします。『新約聖書　マタイによる福音書七章十三節』の、「狭い門から入りなさい。滅びに通じる門は広く、その道も広々として、そこから入る者が多い」という言葉に影響されて利休は「にじり口」を造ったと、最近では言われています。

山崎▼お茶とキリスト教って、意外な共通点があるんですね。

伊東▼それから、茶会の形式に「吸茶《すいちゃ》」というものがありますよね。

山崎▼一つの碗のお茶を、何人かが回してすすり飲むことですね。これも、利休が考案したと言われているとか。

伊東▼吸茶はドラマでもよく出てきますが、あれもキリスト教に影響を受けているのではないかと言われています。キリスト教でも「みんなで回し飲む」という習慣があるので。

宮下▼回し飲みをすることによって、「毒殺を避けることができる」とも言われていますね。当時は毒殺が多かったので、「一緒に飲みましょ」みたいな。

山崎▼毒見じゃないけど……。死ぬんだったらみんな一緒に（笑）。

宮下▼ええ。毒が入っていたら、亭主も死んじゃいますので。

山崎▼その時代を生き抜くための秘策ですか？

伊東▼突然、吸茶の習慣が出てきたっていうのもおかしな話です。こういった状況証拠から、**実は利休は隠れキリシタンだったのではないか**という説もあります。

第二章　戦国のフィクサーとなった利休

■豊臣秀吉と千利休の不思議な関係

山崎▼信長が亡くなったあとは、秀吉が利休をそばに置いていますが、**なぜ秀吉は利休を必**

要としたんでしょうか。

宮下▼ **秀吉は利休を「アドバイザー」としてそばに置いておきたかったん**でしょう。利休は非常に洞察力があって、全てを見抜いてしまうので、助言してくれたり、ずばずば指摘をしてくれそうですよね。実際に史料にも残っていて、細川家の『綿考輯録《めんこうしゅうろく》』という史料には福島正則の逸話として「合戦では後れを取ったことがない。でも、利休と接すると非常に臆《おく》した気持ちになる」と書いてあるんですよ。

山崎▼ その時代の秀吉といえば天下人ですし、秀吉に意見を言うのって相当リスクがあるのでは？　下手したら怒って斬られてしまうかもしれない状況で、イエスマンにならずに、自分の意見をちゃんと言えた存在だったってことでしょうか。

宮下▼ そうですね。

山崎▼ **秀吉は唯一、イエスマンではない利休を信頼していた**と。

伊東▼ 利休と秀吉との間には、役割分担ができていたんです。表の世界、いわゆる現世の天下人は秀吉。心の内の世界、いわゆる精神世界の支配者は利休……という形で、うまく役割分担ができていて、それがうまく噛み合っている間は蜜月が続いたわけです。ところが双方が相手の分野に進出していくことで、この良好な関係が悪化していくのです。

山崎▼ 偉くなるにつれて、自分に助言や指摘をしてくれる人って少なくなってしまうじゃないですか。天下人まで上り詰めた秀吉にとって、利休は貴重でありがたい存在だったたのかもしれませんね。具体的に利休がどのように秀吉にアドバイスしたかというエピソードは残っているんですか？

宮下▼大友宗麟《おおともそうりん》という九州の大名の逸話が有名ですね。

伊東▼秀吉の異父弟の秀長が大友宗麟に言った言葉として**「内々《うちうち》の儀は利休に、公の儀は秀長に」**というのが残っています。

山崎▼秀吉の異父弟の豊臣秀長は、豊臣政権における調整役で、秀吉から信頼されていた人物ですよね。

伊東▼公、すなわち通常のルートで秀吉に訴えやお願いがあるときは、秀長に言ってください。でも、公にできない内密のことや、どうしても早く決めてもらいたいことがある場合は、利休を通して構いませんという意味です。それを秀長が言ったというのが重要です。

山崎▼その立場を任せられた利休って、すごく頭の切れる存在だったんだなって思いました。

伊東▼当然ただの茶人ではありません。秀吉の相談相手になれるほど情報に精通している上、おそらく的確なアドバイスもしていたはずです。プロデュース力や実務能力もあったでしょう。マルチな才能を秀吉に認められたからこそ、あれだけの地位を築けたのです。

山崎▼互いへの信頼があってこその関係性ですね。

利休の真の目的とは

山崎▼利休自身は、秀吉の下に付いて何をしたかったんでしょうか。

伊東▼利休は堺の商人ですから、**世の中が平和なほうがよかった**はずです。平和すなわち「静謐《せいひつ》」こそ、この時代の人々が求めていたものですが、それを実現しようとしていたわけです。

山崎▼静かで安らかなこと。世の中が穏やかに治まること。ですね。

伊東▼天下が平定されて世が静謐になると、大名領国ごとに設けられた関所もなくなり、物資の流通が盛んになります。商人にとっては大歓迎です。物資が行き渡れば民も豊かになり、茶の湯を行う余裕も出てくる。つまり好循環が生まれるわけです。**利休が堺の利益のために秀吉に接近したのは事実ですが、求めていたのは平和な世の中だった**わけです。

第三章　利休 切腹。その本当の理由

切腹の理由①　利休が大徳寺の三門に自身の木像を建てた罪

山崎▼商人としての才能もありながら、茶道のように、心の美しさを追求する才能もあった。かつ、人と人との心をうまく繋ぎ留めてもいた。しかも、自分の目上の人にまで意見を言える豪胆さも持っていて……。**すごく多才で器用な人物**だなって思ったんですけど、そんな利休が、秀吉とは切っても切れない蜜月の関係を築いていたにもかかわらず、最後は秀吉に切腹を命じられてしまいますよね。それはなぜですか？

宮下▼諸説ありますが、公になっている処罰の理由は、京都の大徳寺という大きなお寺にあります。

山崎▼大徳寺の三門（山門）といえば、日本で二番目に古い三門ですね。

宮下▼利休は、現代のお金でいうと、数億円ものお金を寄進して、門の二階部分を設けたんですよ。大徳寺も非常に感謝して、その三門の二階に利休の木像を造って置いた。それを奉行衆が見つけて「けしからん」と。

山崎▼なぜですか？　利休への感謝の意を込めた木像なのに。

宮下▼というのも、その門は、天皇をはじめ、秀吉も通る門ですから。利休の足元を、そういう人たちが通るというのは失礼じゃないかと。

伊東▼実際に、その問題が原因だったという文書が残ってますからね。

宮下▼これがやっぱり、豊臣政権としての公式的な、処罰の理由ですね。

切腹の理由②　利休は石田三成にとって、邪魔な存在だった

伊東▼また豊臣政権が次第に政権として確立されていくことで、法や組織が整備されていく。そうなると、利休の存在が邪魔になっていったという説もあります。

山崎▼というのは？

伊東▼秀吉の弟・秀長がいる間は、うまく役割分担できていたので問題はなかったんですが、秀長が死去し、その後釜として秀吉を助け、法や組織（身分制度）を確立していったのが「奉行衆」、特に石田三成でした。厳格で頑固な彼にとって組織外にいる利休に勝手なことをされるのは、大名たちの平等性が保てなくなり、極めて不都合だったのです。

山崎▼**石田三成！　豊臣政権における五奉行の一人**ですね。重要な政務処理を任された人物ですが、確かに頑固なイメージはあります。

伊東▼石田三成からすれば、「自分たちがせっかく法を整備したのに、利休というジョーカーに勝手に動き回られるのは困る」となったわけです。三成は**確立された組織と法の**

支配こそ豊臣政権を永続させる鍵だという考えなので、利休が邪魔者になったのです。

切腹の理由③　カリスマとなった利休は秀吉にとって脅威だった

伊東▼秀吉自身も晩年になると、次第に自分の死後について考え始めます。息子の秀頼のために、その天下を脅かす存在を一つずつ排除していきたくなったわけです。

山崎▼それが親心でもあり、豊臣家を守らなくてはなりませんからね。でも、今まで秀吉のために尽くしてきた利休がいなくなると、逆に不利になりませんか？

伊東▼ところが利休は知りすぎている上、武将弟子たちの間でカリスマ的な存在になっていったことで、武将茶人連合的な非公式の組織ができてしまった。豊臣政権と徳川家康のほかに、**第三勢力として利休のネットワークができた**ことで、秀吉没後の政治情勢に大きな影響を及ぼす可能性が出てきました。秀吉の甥《おい》の秀次と同じような立場です。

山崎▼たしかに利休って多才ですし、政治的にも商人的にも才能があるので、人の心を摑むのが上手ですよね。第三勢力にもなるだろうなって思います。

伊東▼利休の目的は**「世の中を平和に導くこと」**ですから、**その目的を達成するためだったら家康に付く可能性もある**わけです。つまり利休が、次代の政権の脅威となり得る存在となったわけです。それこそが、利休が切腹を命じられた本当の理由ではないかと思っています。

山崎▼つまり、**秀吉は、利休の才能もちゃんと評価していて、改めて脅威であることを認めたからこそ、切腹を命じた**んですね。

■ 利休切腹、もう一つの理由――

宮下▼もう一つ、この話もしておきたいですね。『千利休由緒書』という書物に、こんな話が載っています。利休切腹の二年ぐらい前、秀吉が京都で鷹狩りをした帰りに、若い女性を見かけたんです。秀吉は、女性が非常に好きなので、誰の娘だという話になり、それが利休の娘だったんです。

山崎▼えーー!! そんなことある!? (笑)

宮下▼秀吉は前田玄以《げんい》という家臣を遣わして、側室にしようとしました。ただ、利休はとても名誉欲のある人だったので、**「娘のおかげで出世した」と後世に言われるのは名折れだ**と考えたわけです。それで、三度も断ったんです。

山崎▼プライドがありますからね、利休にも。

宮下▼そうなんです。ところが、その三度目に断ったとき、娘が自殺しちゃったんです。

山崎▼え……? **秀吉からの誘いを苦に、利休の娘が自殺**?

宮下▼それで、秀吉は怒るし、利休もかんかんになり、関係修復は不可能になったんです。

山崎▼利休の娘をはじめとする自分たちの身のまわりの人間関係がどんどんこじれていった

結果、あれほど信頼していた利休に対して、秀吉が切腹を命じる形になってしまったんですね。**利休が娘を側室に出さなかったことが、切腹の理由**だとは……。

宮下▼秀吉には当時、大坂城内に三百人の側室がいたと言われています。

山崎▼三百人もいたんですか⁉

宮下▼しかも秀吉は、人妻だろうが未亡人だろうが、美しいと思ったら声をかけて、大坂城の大奥みたいなところに呼んで、閉じ込めていました。当時、秀吉の命令を断れる人なんていなかったんです。利休だけです、歯向かったのは。

山崎▼まさか自分の娘が秀吉のターゲットになるとは思わなかったでしょうし、もし自分の娘がそうなったら、そりゃ怒るでしょう。なんでそれを分かってないんだ、秀吉!

伊東▼山崎さんならどうします? もし声かけられちゃったら。

山崎▼いやぁ、そんな三百人もいる側室の一人にはなりたくないなぁ……(笑)。でも、やだって言えない時代ですからね。

宮下▼断ったら、家族も処罰されますからね。

切腹が、ラッキー⁉

山崎▼ちゃんと仕えていたのに**切腹を命じられて、利休はどう受け止めたんでしょうね**。

宮下▼まずは娘が自殺してしまいましたので、**非常に激しい怒りがあったのと同時に、ラッ**

山崎▼ **キーという気持ちもあった**と思います。

宮下▼ ラッキー？　どういうことですか？

山崎▼ 利休が当時、したためているんです。「私は果報者だ。これで菅丞相《かんしょうじょう》になれる」と。「菅丞相」は菅原道真、天神さんですね。

宮下▼ **「これで神様になれる」**ってことですか？

山崎▼ 利休としては、死んだら〝利休神社〟ができるようなイメージだったのでは。神様になるつもりですよね。老い先短いし、**大した罪じゃないのにこうして罰せられて、大きくクローズアップもされますので、よかった**と。

伊東▼ 物は考えようといいますか。

山崎▼ 同感です。利休は平和をもたらす茶の湯を永劫《えいごう》に伝えていきたかった。桃山時代だけではなく、それ以降も茶の湯という文化が続いていってほしいという願いがあったと思うんです。自分がここで悲劇的な死を迎えることで、権力に寄生した自分への悪評はなくなり、自分は聖人となり、茶の湯は永劫の命を得たと思っていたはずです。

山崎▼ 千利休って、ただの〝お茶をやっていた人〟じゃなくて、切腹を命じられてもなお、自分の守りたかった文化や、堺の商人の生活を大切にし、そのために最期を遂げたんですね。だからこそ、今も「千利休」の名前が語り継がれているんだなと感じました。

column

千利休×センス

「センス」ほど、曖昧な評価はないと思います。数値化する方法がないし、極めて抽象的なのに、確実に存在しますよね。

世の中には、たしかに「センスがいい」と称えられる天才がたくさんいます。葛飾北斎の浮世絵、宮崎駿さんのスタジオジブリ作品、小室哲哉さんのTKサウンドなどが放つ「いくら頑張っても勝てない」と人々を圧倒させる魅力は、平凡な若者である私にも分かります。その卓越したセンスに憧憬《しょうけい》するあまり、絶望する人がたくさんいることにも、薄々気付いています。千利休も、まごうことなく「センスの持ち主」側の人間。でも、センスの良し悪しは何によって決まるのでしょうか。

……ということで、センスの構成要素を自分なりに分析してみました。千利休を「センスがいい人」代表として例に挙げつつ、ご報告させていただきます。

【センス 材料一覧（山崎調べ）】

一. 自分の理念や哲学を伝えることができる
二. 時代性を纏《まと》っている
三. 語らせる「余白」を残している

まず、自分の理念や哲学を持っている人は、思想や言動も一貫すると思いました。利休の場合は、人の心や命を金で操るのではなく、お茶でもてなす中で、礼を尽くし、相手の懐《ふところ》に入る。彼が究めた茶道は、禅の精神を落とし込んだ総合芸術でありながら、ビジネスツールであり、商人としての生き方そのものだったようにも感じます。

その真骨頂は、自分が商人兼茶人として生きやすいシステムをプロデュースしたことにあって、二つの顔を併せ持った真の芸術家と言えるでしょう。

とはいえ、センスが他者評価である以上、他人に伝えることを怠っているのに「センスがいい」とはならないはず。その人からにじみ出る理念を第三者が感じ取ったとき、その称号を得られるのだと思います。

ただ、早いうちから自分で「こういうスタイルでいくぞ」と頑なに決めつけるのは、危なっかしいような気がします。自分が良いと思うことや、それまで培ってきた情報や知識は、必ずしもみんなが共有しているものではなく、自分にとっての「当たり前」も、他人からしてみれば「当たり前」ではありません。私たちは、思っていたよりも独りよがりになりやすいと思います。

自分だけの文脈を押しつけるより、なるべく相手目線で届けようとしたほうが、のちに訂正や補足が少なくてすみます。何事も、他者への配慮なくして損するのは自分です。

だからこそ、時代性を纏っていないものが大衆的な熱狂を生むのは難しいと思います。特に現代は生活が多様化していて、みんなが同じことを同時にしている瞬間がほとんどありません。人々の嗜好や価値観もバラバラの「マスが存在しない時代」に、全員に刺さるコンテンツを狙って作るのは難しい。

さらに、これだけコンテンツが溢れていると、何を選んだらいいのか分からない人もいます。そこで参考にされるのは、身近にいる〝ちょっと詳しい人〟のオススメ。「あれ良かったよ」なんて言われたら、ちょっと気になってしまいませんか？　もしくは、世間でヒットしているものも道標になりますよね。ツイッターのトレンドが目に留まって、「これ何だろう？」と追ってしまう感覚と言えば、伝わりやすいでしょうか。

どんなヒット作も、その源となるのは〝少数のファンによる熱狂的なエネルギー〟です。ありったけの愛を持った少数精鋭のサポーターが大衆を先導した結果、ヒット作が生まれる。この現象は作品だけではなく、人物や食べものなどにも起こっている気がします。

いつの時代も、きっと、一人に刺されば百人に刺さります。どんなにおかしな意見でも、同じようなことを思っている人は絶対にいます。その繰り返しによって、次第に熱狂が起こる規模が大きくなる。「人の共感」を中心に動いていくこれからの時代に、求められる価値観だと思います。

利休も、武将たちの生きる環境や対立構造を機敏《きびん》に察知していたはずで、実際にそう推測できる行動もとっています。そもそも、常に誰かに見張られていた彼らに「密談の場」あるいは「心を鎮める場」として茶室を提供したことにも、勘の鋭さが表れていますよね。そこで彼らのハートを鷲掴《わしづか》みにしてしまえば、利休が必死に広めようとしなくてもさまざまな形で彼の名前と「茶の湯」が伝播《でんぱ》していくという魂胆もあったはず。

さらに、狭いところに投下された熱い火種を延焼させるためには、「人々に語らせる余白」が欠かせないでしょう。良くも悪くも、何か言いたくなる余白は人々の想像を掻《か》き立てます。利休も、人々に余白を残したまま死んでいったからこそ、当時は「呪い」だなんてひどい言われようをされたり、逆に彼を信じて疑わない人からは擁護する声も上がったのでしょう。

彼自身の核となる理念や哲学を火種に、ターゲットを決めて点火し、延焼させる余白をあえて設定した。それらは全て一本の筋が通っていなかったら成し得ないブランディングで、後天的に身につけたものであると推測します。要は、天才というより秀才です。

私は、利休が切腹で終わるような器の人間ではないことを、彼自身が悟っていたように感じました。死後に茶室から武器が発見されたように、生きているうちにいろいろな伏線を張っていたはず。もしかしたらまだ見つかっていない仕掛けもあるかもしれないし、全てを暴くことは誰にもできないのかもしれません。

彼を知れば知るほど、確固たる理念や哲学がはっきりと浮かび上がってくる……と思わせておきながら、実は雲のように捉えようがなく、掴めない人、という印象を受けました。得体の知れない不気味な存在感が、人としての圧倒的な魅力に深みを増して、「センス」として黒光りしている。その残像を、私たちは追いかけたくなってしまう。彼が遺《のこ》した「語らせる余白」が人々を惑わせて、結局いつまでも彼の手のひらで転がされたまま、私たちはまんまと術中にはまっていくのかもしれません。

第四回

明智光秀「本能寺の変」じゃないトコロの話

二〇二〇年のNHK大河ドラマ『麒麟《きりん》がくる』の主人公、明智光秀。明智光秀といえば、本能寺の変。織田信長を討ったことで、謀反人だとか、天下の極悪人といった、不名誉な言われ方をしていますが、実はすごく魅力的なんです。私は大河ドラマの特番に出演させていただいたのをきっかけに、明智光秀のことがすごく好きになりました。ここでは、教科書には絶対載っていない、明智光秀の意外な一面や内面を掘っていこうと思います。めざせ、名誉挽回！

今回の先生

小和田哲男さん（静岡大学名誉教授）　歴史学者。二〇二〇年のNHK大河ドラマ『麒麟がくる』の時代考証を担当。『明智光秀と本能寺の変』（PHP文庫）など著書多数。大河ドラマの時代考証は七作品目という大ベテラン。

安田清人さん（三猿舎・編集長）　編集プロダクション三猿舎代表。歴史雑誌・書籍の編集・出版を数多く手掛ける。著書に『時代劇の「嘘」と「演出」』（洋泉社）など。小和田先生とは著者と編集者の関係で長いお付き合い。

第一章　明智光秀ってどんな人？

謎に包まれた、明智光秀の出自

山崎▼まず、明智光秀とはどういった人物だったのでしょうか。

小和田▼前半生は謎だらけですね。**生まれた年すら分かっていません**。出自について正確な史料は残っていないんです。

山崎▼なぜですか？　たしか、歴史上に名前を残し始めるのが三十八歳ぐらいですよね。

小和田▼それは、豊臣秀吉が天下を取ったからです。要するに、**歴史上の〝敗者〟ということになりますので、悪く書かれてしまう**。

山崎▼語り継がれる歴史って、「勝者の歴史」ですもんね。

小和田▼また、光秀と関係があった人たちが、**光秀との関係がばれるとまずいから、証拠を**

消してしまうという場合もあります。例えば、光秀と関係のあった京都のお公家さんの日記には、正本と副本の二つがあるんですよ。

山崎▼どういうことですか？

小和田▼光秀のことを書いた日記と、全くそれを消してしまった日記の二つに分けているんです。

山崎▼日記の副本まで作るほど、隠したかったんですね。

小和田▼秀吉に見つかって、「お前、光秀と親しかっただろう」と言われたら、左遷されるかもしれないという怖さがあったのでしょうね。

山崎▼**秀吉を恐れて、改ざんされた**んだ。かわいそうですね……。安田先生は、光秀の出自に関してどうお考えですか？

安田▼光秀の出生地にも、幾つか説があります。**一番有名なのは今の岐阜県、美濃の国**ですね。ほかにも、今の滋賀県、近江の国で生まれたとか、今の兵庫県のあたりで生まれたとか。

山崎▼出自を描くであろう、ドラマの前半はどうなるんですかね。

小和田▼やはり**明智荘**《あけちのしょう》を採用するのではないでしょうか。明智姓の由来と言われる荘園です。

山崎▼でも、これだけ世間的な知名度の高い人物なのに、前半の人生が分からないなんて、珍しいケースですね。

インテリで教養人。しかも部下思い

山崎▼出自には諸説あるとして、人間性はどうだったんですか？

小和田▼光秀自身は、**インテリで、教養人**。歌会やお茶会などの、**文化面でも優れた能力を持っていました**。

山崎▼モテそうですね（笑）。

小和田▼実は信長の時代のお茶会は、今みたいに誰でも簡単に開けるわけではなかったんです。**信長から、名物茶器と言われるお茶碗とか釜とかをもらった人だけが開けるもの**でした。

山崎▼許可をいただくだけじゃなくて、使う道具までも指定されていたんですか！

小和田▼道具をもらうと同時に、「これ使ってお茶会を開いていいよ」っていう許可が与えられるんです。**信長の家臣の中でも、指で数えられるほどの人数**しか認められていませんでした。

山崎▼貴重な茶器を与えられるほど、**光秀は信長から信頼されていた**んですね。

安田▼光秀についてよく言われるのは、**とても部下思いだった**ということです。部下の身の上を案じたり、怪我を心配したり、そういうことが伝わっています。さて、ここで光秀に関しての問題です！　部下思いな光秀は、若い頃ある学問を勉強していました。さて、その学問とは何だったでしょう。

山崎▼え？　何だろう？

安田▼意外といえば意外です。「武将なのに」、という意外性です。

山崎▼うーん、何だろう？　武将なのに料理がうまいとか？

安田▼それは面白いですけど、ちょっと違いますね。

山崎▼部下思いだから、人をもてなすことができるのかなと思ったんですけれど……。正解は何ですか？

安田▼正解は、医学です。戦国武将自身が医学を勉強したという例は、あまりありません。徳川家康が薬に詳しかった、とかはありますけれども。**明智光秀は、若い頃にどうやら医学の勉強をしていたらしい**のです。最近見つかった記録の中には、明智光秀が医学書を口伝えで教えたという話が出ているんです。すっかり習得しているということですよね。

山崎▼医学の知識をもって、部下を大切にしたんですね。ほかにも、家臣思いということが分かるエピソードはありますか？

小和田▼一番有名なのは、**戦いで亡くなった家臣十八人を偲ぶために、お寺に供養米を納めた**というエピソードです。ほかの武将で、そういう話はまず聞かないですね。

安田▼一人一人名前を挙げて、一人一升何合とか、書いてある文書が残っています。

小和田▼しかも、最後の十八人目に「中間《ちゅうげん》」って出てくるんですよ。中間とは、城内の雑務を担当する、武士の最下級にあたる役職で、名字も持っていない。**身分の低い人にま**

山崎▼それは心が広いですね。**で分け隔てなく、お米を供養として寄進している。**

第二章　「本能寺の変」以外の知られざる功績

■一番の功績！　乱立する小勢力を倒した丹波攻め

山崎▼お二方が、大河ドラマでどう描かれるか楽しみにしているポイントはどこですか？

安田▼光秀が武将として一番大きな功績を上げたのは、丹波攻めだと考えています。一回失敗して、引きあげているんですが……。

山崎▼失敗するほど難しかったってことですよね。

小和田▼信長の場合、普通は部下が失敗すると、「もうこいつは駄目だ」と配置換えするのですが、それをしなかった。ということは、**ほかの武将がやっても、たぶん失敗すると考えたからだろう**と。そういう失敗はとがめていないんです。

山崎▼丹波攻めはなぜそんなに難しかったんですか？

安田▼当時の丹波には、大きな有力大名がいませんでした。有力大名が一人いると、そこを倒せば済みます。しかし、**小さい勢力が幾つも幾つもあったので、しらみつぶしに倒**

すのが難しかったんです。

信長から絶大な信頼を得て下した名判決にも注目

山崎▼ほかにも大河ドラマで楽しみにしているポイント、ありますか？

安田▼ドラマで描かれるかどうか分からないですが、大和国《やまとのくに》（現在の奈良県）にある興福寺と東大寺、この二つの大きくて有名なお寺の間で、僧侶の役職にまつわる争いが起きるんです。

山崎▼めちゃめちゃ大きいお寺同士……！

安田▼ええ。どうにか決着を付けなきゃいけない、ということで、当時の最高権力者と言っても差し支えない信長に、裁定をしてもらおうということになりました。

山崎▼裁判官みたいなことですね。

安田▼そうです。それで信長のところに行くと、**信長が「光秀、お前コレやれ」**と。

小和田▼丸投げしちゃうんだよね。

山崎▼ちょっと俺は忙しいから、あとよろしく～ってことですか？（笑）

安田▼そんなところだと思います。逆に言うと、**それほどまでに光秀を信頼していた**ということでもあります。ちょうどその判決を下した頃、明智光秀は自分の城を守りつつ、信長のいろんな戦を助けたりもしていて、めちゃくちゃ忙しかったんです。さっき触れた丹波攻めもまだやっていますし。

山崎▼ **さまざまな難題を同時進行で解決する有能さ**、注目ですね。

武将としての勇猛果敢さにも注目

山崎▼ 小和田先生にとって、視聴者の反応が楽しみな出来事は何ですか？

小和田▼ 武の面で言うと、やはり**「金ケ崎退き口《かねがさきのくち》」**です。信長が朝倉義景との戦いに敗れて撤退するときに、最後尾で秀吉が活躍したので、今までは秀吉の手柄とされてきました。ですが、**本当は、殿《しんがり》（最後尾で敵を引き受ける役割）に光秀も残っていた**んです。

山崎▼ そうなんですね。

小和田▼ 松永久秀と戦ったときも、**自ら乗り込んでいって、敵を斬った**という武勇伝もあります。

山崎▼ 光秀いいですね。かっこいい。松永久秀は、織田信長の部下だったのに謀反を起こした「かぶき者」ですよね。

小和田▼ **単なる文化人としてだけではない、武将としての側面にも注目してほしい**です。

織田家臣団の中で最初の「一国一城の主」

小和田▼お城に目を向けると、**織田家臣団の中で最初に一国一城の主《あるじ》になったのは光秀**なんです。有名な坂本城を造って、そのまわりの土地、滋賀郡という郡をもらっています。

山崎▼坂本城は、光秀が近江国に築いたお城ですね。

小和田▼しかも、秀吉よりも城を構えるのが先だった。

山崎▼出自も分からないような人だったのに、かなり出世しましたね。

小和田▼信長だから、その人事ができたんですよ。それまでの武将は家柄が大切だったから、例えば、親が家老ならば、息子も家老になっていた。でも**信長は、能力さえあれば、出自がどうであれ、とにかく抜擢《ばってき》した**んです。光秀は、そこにうまく合致した。

山崎▼**信長の能力優先主義が、光秀の活躍に繋がる**んですね。

小和田▼そして実は、坂本城って、**安土城よりも先に天主を造っている**んですよ。

山崎▼え、信長より先に造っちゃっていいんですか?

小和田▼よく言われるんですが、たぶん信長から許可を得ていると思います。おそらく信長が将来、安土に天主を造りたいから、「光秀、まずは坂本で造ってみろ」と。**試作品として造らせた**のではないかと。

山崎▼天主って、権威を示すためのものですよね。信長より先に造っていいんだ。

安田▼実際に造ってみて、どれぐらい効果があるのかを見てみたかったんじゃないですか?

山崎▼安土城以降、どんどん天守が増えていったというのが通説ですが、実はその前に坂本城があったんですね！

小和田▼お城を研究している私としては、それがすごいな、と思っています。

第三章　ついでに聞きたい「本能寺の変」の真実

光秀が謀反を起こしたのは、なぜ？

山崎▼ここまで、光秀の内面、人物像について追ってきました。「ついでに」って言うとぞんざいすぎますが（笑）、ついでに本能寺の変についても教えてください。なぜ、光秀は謀反を起こしたと思いますか？

安田▼要因は一つではなかったと思います。信長に対して恨みもあったでしょうし、自分が天下人になってみたいという出世欲もあったかもしれない。

山崎▼十四年ぐらい、今でいう〝ブラック企業〟並みのひどい扱われ方をしていましたもんね。

安田▼最終的には、**目の前に信長を討つ絶好のチャンスが見えてしまった**ことがきっかけになったと思います。信長は、京都にほとんど部下も連れずにいました。**光秀以外の信**

長方の武将は、京都周辺にほとんどいなかったんです。

小和田▼柴田勝家は北陸に、秀吉は中国地方に……という感じで遠くにいた。

山崎▼信長は、どうして身構えなしだったんですか？

安田▼光秀がいたからです。光秀はそのあと、中国地方に出陣する予定になっていたので、軍勢を整えていました。**軍勢を整えた光秀が京都近くにいたから、信長は安心し切っていた**。

山崎▼なるほど。

安田▼それが仇《あだ》になりました。

信長の暴走を止めるため、光秀は動いた？

山崎▼小和田先生は、なぜ本能寺の変が起きたと思いますか。

小和田▼信長は天正十年（一五八二年）三月に、最大の敵と言われた甲斐国の武田勝頼を滅ぼします。それによって、**自分の近くに強敵がいなくなりました**。しかも、本来ならば、武田勝頼の首を丁重に扱うべきところを、どうやら信長は、首を蹴飛ばしたという記録があります。

山崎▼うわぁ……。

小和田▼あるいは、恵林寺《えりんじ》という、山梨県にある武田の菩提寺を攻めて、天皇から直々に高僧と認められたお坊さんを焼き殺してしまった。

山崎▼信長の暴走、かなり過激ですね。

小和田▼**その暴走を阻止するため、というのが大きな要因の一つ**だと私は考えています。

室町幕府を再建させるためという説も？

山崎▼明智光秀って、もともと信長に仕える前は、室町幕府に付いていましたよね。

小和田▼はい。足利義昭に仕えていました。

山崎▼だから、**光秀は自分が天下を取るというよりも、室町幕府の再建を目指していた**のかなって私は思ったんです。

小和田▼その観察は鋭い！　すごい！

安田▼足利義昭を京都に連れ戻して、もう一度将軍の座に就かせる。そういうこともあり得たかもしれないです。

山崎▼そうですよね。

column

明智光秀×孤独

私は、心に孤独を飼っている。ちなみに、明智光秀は「孤独飼い」の先輩だと思っている。

嫉妬、傲慢、軽蔑、羨望、執着。いつしか人は、そういったものを「そういうもんだよね」という言葉で済ますようになる。線引きできないものに境界線をつけていく作業によって、器用さと諦観はどんどん磨かれていくのに、心のザラつきは消えない。もう二度と立ち入れない結界のようなものを感じて、誰とも共有できない孤独はますます消えないまま、人と何となく関わって、群衆の中で生きるために折り合いをつけていく。どんなに周りに人がいても、内側では孤独が顔を覗かせている。そんなことは日常茶飯事なのだ。

孤独を飼っていると自覚してから、「誰かのために」という言葉に違和感を抱くようになった。この言葉は「慈悲の心で人に尽くす」という意味のほかに、「誰かのためにならなくてはいけない」という呪いにもなりかねないと思う。自己犠牲をともなう他者貢献ばかりがフィーチャーされる現代で、自分の幸せを堂々と口に出せる人は少ないし、自分のためより誰かのためのほうが頑張れるという人は多い。だが、誰かの期待を満たそうとしてしまうのは、裏を返せば依存でもあるのかもしれない。

ところで、呪われた依存の果てに、頑張っている本人の幸せが置いてけぼりになっていないだろうか。「誰かのために」というのは受け身の幸せであり、その「誰か」がいなくなったり、心変わりしたら、その思いをどこに着地させればいいのだろう。加えて、他人に期待して、落胆して、嫌いになる人は、いかに身勝手かお気付きだろうか。

思うに、「誰かのために」は、与えているように見せかけて、誰かを求めている気がする。着地点を失うと、きっとまた別の対象を探して堂々巡りになるだろうし、誰かに何かをしてもらうことを期待すればするほど、予定調和が狂ったときの悲しみや怒りは膨れ上がりそうだ。

本能寺の変も「他人への期待」という爆弾が突如暴発した結果だとすると、信長の期待に応えることが、光秀自身を支える価値観になっていたはず。

そういう献身的な人が不意に「俺の人生何だったんだろう」と戸惑ってしまったのだとしたら、相当きついだろう。誰かのために、誰かを思いやって動くというのは、すごく愛しくて、切ない。

もちろん、全てのことが自分のためではない。ただ、誰かのためを思っているけれど、少し自分のためにもなるな、と計算して行動することは、それほど業の深いことではないはずだ。相田みつを先生が〝人の為と書いて「いつわり」と読む〟と書かれているのを拝読して腑に落ちたのだが、自分を大切にしてあげられて初めて人を幸せにできるらしい。そして、自分を大切にできるようになるには、誰かから大切にされることが一番の処方箋であり、そのために最も手っ取り早い方法は、誰かを大切にすることだ。

どうやら、孤独は飼い始めると一生形を変えて付きまとってくるらしい。出世しようが結婚しようが関係なくガブガブ嚙みついてくると、何人かの先輩が仰っていた。だとすると、孤独から逃れようとするのではなく、飼い慣らす方向にシフトチェンジしたほうが良さそうだ。

実際、孤独には孤独としての生かし方があると思う。例えば、孤独だからこその自由、というのは確実に存在する。好きなことを好きなときに好きなだけできたり、人に干渉されすぎない適度な距離感を保つこともできる。しかも、自分の孤独は自分だけのものなので、無責任さが微塵もない。その安定感は信用できるはずだ。

孤独は、帰る場所にいる忠犬だ。飼い慣らしても時折嚙みついてくるだろうけれど、自分で自分にかけた呪いよりは全然痛くない。

＊　＊

最後に、孤独に苛まれながら生き方を模索したことのある方へ。

「誰かのためにならなくては」という呪縛から私を解いてくれたのは、「他人のためだけに頑張れるほど高尚な人間でもないな」という諦めでした。自分に期待しないという選択が、逆に劣等感から救ってくれることもあります。諦めや逃げに近い形で居場所を探して、それでも受け身にならざるを得ない状況に何度も出くわすなら、せめて幸せくらいは独りよがりでいいのではないでしょうか。世の中なんて、全部自分の背景だと思っているくらいが案外ちょうど良いのかもしれません。自分の人生は、自分だけが生き抜けるのだから。

column　明智光秀 × 孤独

第五回

もしも蒲生氏郷を大河ドラマの主人公にするなら

蒲生氏郷《がもううじさと》（一五五六〜一五九五年）は、織田信長に愛され、豊臣秀吉が恐れたとも言われている戦国武将です。私はもっと知られてほしい優秀な武将だと思っています。戦績もたくさんあり、数々のエピソードもあるわりに、あまり知られていなくて残念なのです。もしも蒲生氏郷を大河ドラマの主人公にするならどんなストーリーになるのか、起承転結を先生方と会議しつつ考えていきたいと思います。

今回の先生

橋場日月《あきら》さん（歴史作家）　戦国時代に造詣が深い。著書に『戦国武将に学ぶ「必勝マネー術」』（講談社＋α新書）など。蒲生氏郷のイメージは、「新しいものが好きで道を切り拓いていく武将」。

黒田基樹さん（駿河台大学教授・歴史学者）　ＮＨＫ大河ドラマの時代考証も行う。著書に『羽柴を名乗った人々』（角川選書）など。蒲生氏郷のイメージは「男気のある人間」。作り方次第では大河ドラマを作れるのでは。

第一章　家を守るべく、十三歳で社会人デビュー

交通・商売の要衝で育ち、人格を形成

山崎▼まず起承転結の「起」から考えていきます。そもそも蒲生氏郷って、どのような家で生まれたのでしょうか。

黒田▼一五五六年、**近江国の日野城の城主を務める蒲生家に、嫡男、つまり跡継ぎとして生まれます**。国衆《くにしゅう》の家ですね。

山崎▼国衆というのは、小規模ながら独自に領域支配を行った領主のことですね。

黒田▼はい。今でいうと市長クラス。独立国家の王様になります。家臣、領民の生命や財産を守らなければいけないという役割がありました。

山崎▼生まれながらにして背負うものが大きかったんですね。ある程度の財産とか自分のポジションは既に確立されているけれど、家を絶やさないようにするというのは相当な

プレッシャーでしょうね……。

橋場▼故郷の日野は、**交通網が発達している場所で、昔から商業が盛ん**でした。さらに、日野椀という千利休も愛した漆器は、古くから名産品として人気がありました。

山崎▼そういった原風景が、蒲生氏郷がやがて行っていく産業開発にも生かされていくんですかね。商業が盛んな場所には、人も、情報も集まってきます。**知識を蓄えるには適した環境**ですね。

橋場▼はい。だからこそ、彼は**新しい知識を吸収したいという好奇心が旺盛な人物に育っていった**んじゃないかと思います。

織田信長のもとで人質に

山崎▼十三歳のとき、**天下人・織田信長のもとに、人質として迎えられています**。信長と出会ったのはどういう経緯だったんですか？

黒田▼もともと蒲生家は、近江の戦国大名の六角家の重臣だったんです。その六角家が織田信長に滅ぼされ、蒲生家は信長に仕えることになります。

山崎▼でも氏郷は優秀だったでしょうし、相当、重宝されたんじゃないですか？

黒田▼蒲生家は有力な勢力を持っていたので、自分に仕えるのであればそれなりの地位を与えるという待遇だったと思います。氏郷はそのときに、信長に人質に出されます。**い**

わゆる社会人デビューです。

山崎▼当時の「人質」というのは、〝裏切らない担保〟として親族の身柄を預けることです。信長のもとで認められたら、もう一攫《いっかく》千金ですよね。

黒田▼そうですね。「お前は蒲生家を継ぐんだぞ」という教育を受けながら、信長に仕えていく。

山崎▼蒲生家を守るために、信長のもとで社会人デビュー。弱冠十三歳にして、大きく人生が動き出しました。ではここが起承転結の「起」ということで、よろしいですか？

橋場▼「起」としては素晴らしいんじゃないですか。

山崎▼〝もしも蒲生氏郷を大河ドラマの主人公にするなら〟起承転結の「起」は、「家を守るべく、十三歳で社会人デビュー」にします。

黒田▼そうすると、ちょうどワンクールの最後が、信長のもとに仕えるシーンになりますね。

山崎▼第九週ぐらいまでは子役で（笑）。

第二章　信長の娘婿になる

氏郷は人質ではなかった⁉

山崎▼人質の氏郷はどんな生活を送っていたのでしょうか？

黒田▼氏郷は賢かったので、**信長が自分の娘婿《むすめむこ》に迎えると言って、のちに信長の次女と結婚する**ことになるんですけれども。

山崎▼相当気に入られていますね。

黒田▼ただ、蒲生家自体、**信長の家臣の中でも上のランクに位置付けられているん**です。その嫡男なので、**人質というのはたぶん、勘違いだと思うん**ですよね。

山崎▼え？

黒田▼人質というのは服属している証しとして出されるものですが、**通常は、次男以下やお母さんを出すことが多い**んです。

山崎▼そうですね。

黒田▼嫡男は父親に代わって家を守る場合があるので、信長のもとに行ったんだとしたら、おそらく**「小姓」ぐらいになって直臣《じきしん》（直接仕えていた家臣）として活躍していたん**じゃないかと思います。

山崎▼小姓というのは、武将の身辺で雑用を請け負う役目の子ですね。お家柄もしっかりしているし、可能性は高そうです。

黒田▼ただ、蒲生家クラスの家がいっぱいある中で、氏郷が選ばれているわけですから。個人としての能力がしっかりしていたのでしょうね。

山崎▼**氏郷は、頭脳明晰《めいせき》で、かつ剣術も素晴らしく、まさに文武両道**というイメージがありますが、武術はどこで学んだのですか？

橋場▼逸話として残っているのは、斎藤利三《としみつ》。のちに明智光秀の重臣になる人なのですが、その人に教わったという話があります。あと、**風雅の道、いわゆる和歌とかにも優れていた**そうです。

山崎▼そちらの才能も長けていたんですね。

橋場▼剣術よりも和歌に熱中するあまり、斎藤利三に怒られた……ということを述懐しているものも残っています。

■ 初陣では迷子から一転、敵の幹部の首を取る大活躍

橋場▼一五六九年八月、元服と同時に、**信長の伊勢侵攻に従って、大河内城《おかわちじょう》という城を攻める**んです。初陣《ういじん》です。

山崎▼はい。

橋場▼そのときに武道達者な家臣が二人、氏郷に付き添うんです。ところが結局、乱戦になって、はぐれてしまいます。

山崎▼えー！

橋場▼その晩、氏郷は帰ってこなかったんです。

山崎▼初陣で行方不明になってしまうんですね。

橋場▼みんな討ち死にしちゃったかなと思っていたのですが、翌朝までには帰ってきたんです。どうしていたのか聞いたら、敵の城の中に間違えて入ってしまっていた。

山崎▼お、おお……。

橋場▼しかも、**敵の兜首《かぶとくび》といって、将校クラスの人と戦って、勝って、首を取って、帰ってきた**。

山崎▼おー！　すごい！　迷子から一転、敵の幹部の首を取る大活躍ですね！

橋場▼それを聞いて氏郷の父親は非常に喜んで、うれし泣きをします。**信長からは打鮑《うちあわび》を、褒美としてもらった**といいます。

山崎▼打鮑は、鮑を細く延ばして干した、縁起の良い食べ物ですね。

橋場▼はい。戦勝祈願なんかで使われるもので、信長がそれを氏郷にあげたということは、**「お前の前途洋々だよ」**という意味です。

黒田▼同じ年、**信長の娘を妻に迎えます**。これは大きいです。なにしろ、**信長には当時、結婚させられる娘は二人しかいませんでした**から。

山崎▼信長に認められて武将としての頭角を現し始めた頃なので、起承転結の「承」を、ここにしたいと思います。どこがポイントですか？

黒田▼やっぱり娘婿になることじゃないでしょうか。

山崎▼それだ（笑）。では、**〝もしも蒲生氏郷を大河ドラマの主人公にするなら〟起承転結の「承」は、「信長の娘婿になる」**とします。

第三章　秀吉のもとで大きく飛躍

■本能寺の変で、信長死す

山崎▼このあと、誰もが知る一大事件が巻き起こります。**一五八二年、氏郷が二十七歳の頃、本能寺の変が起こり、信長が亡くなってしまいます**。ドラマとしては、見せ場になりますよね。このときの氏郷、どのような気持ちだったと思われますか？

橋場▼本能寺の変が起こったことを知ったときは、**もう奈落の底でしょうね。目の前、真っ暗です**。

山崎▼自分のことを一番に認めてくれた方が亡くなってしまったら、この先の人生、どのように歩もうかって路頭に迷いますよね。

橋場▼恩人でもあるし、その先のサクセスストーリーが全部白紙になるわけですからね。

■信長の娘婿なのに、秀吉側に？　小牧・長久手の合戦

山崎▼本能寺の変のあと、**羽柴秀吉が頭角を現してきます**。秀吉は、氏郷の人生にも大きな影響を与えているんですよね。

黒田▼はい。羽柴秀吉は、**織田家が天下人であったのを乗っ取る形で自分が天下人になる**わけですから。本能寺の変のあとも、織田家そのものはまだあるわけですよ。織田家と秀吉が戦うのが、小牧・長久手の合戦です。

山崎▼羽柴秀吉と織田信雄《のぶかつ》の戦ですね。

黒田▼はい。それに秀吉が勝ったので、**織田家が屈服**します。**そのとき氏郷は、もう秀吉側にくっついています**。

山崎▼あれ？　織田家側じゃないんですか？

黒田▼でしょ？　どうしてだろう？

山崎▼……よっぽど信雄が駄目だった？（笑）

黒田▼秀吉の跡継ぎは、信長の四男・秀勝なんです。で、**氏郷の奥さんは、その秀勝と同母の姉弟だった**。

山崎▼はあー、なるほど。

黒田▼そうすると、**奥さんは異母のお兄さんではなくて実の弟の側に付いてほしい**。これは必ず頼んだでしょうね。

橋場▼頼んだのか、上から目線で言ったのかは知りませんけども（笑）。

黒田▼まあもともと、奥さんのほうが格は上なので。織田家の血筋ですからね。

山崎▼頼まれたら断れないですよね。それで秀吉側に鞍替《くらが》えしたんですね。

秀吉の直臣としてトップクラスへと昇りつめる

橋場▼見方を変えれば、**氏郷は秀吉に付きたかった**のではないでしょうか。

山崎▼本当ですか？

橋場▼**秀吉のほうが圧倒的に面白い**じゃないですか。信雄に任せてどうなるかを考えてみましょう。

山崎▼私の中で、信雄のいいイメージがもともとないので……。

橋場▼皆さんそうでしょう。

黒田▼まあ、ないよね。信雄はね（笑）。次男なので、きちんとした帝王学の教育がなかったのかもしれません。

橋場▼長男の信忠ばかりに教育をして。

黒田▼やっぱり、**長男と次男は、教育の質が全然違ったん**ですよ。織田家も、長男の信忠ばかりに教育をしていた。

山崎▼じゃあ蒲生氏郷は、帝王学を嫡男として受けているからこそ。

橋場▼こいつは駄目だなって思うでしょうし、自分がそう思っているところに、奥さんが「羽柴に味方して」と言ってくれれば、逆にそれを、言い訳にできるじゃないですか。

山崎▼たしかに。信長の次女ですからね。

橋場▼そうです。そうです。

山崎▼ちゃんと**権威はありますから、そっちに従ったと言えば、誰も文句は言わない**。

橋場▼そういう見方もできるかなと思います。

山崎▼なるほど。結果的に秀吉は関白となって天下人として出世していきます。その中で氏郷が大きく飛躍していくエピソードはありますか？

黒田▼小牧・長久手の合戦での戦功で、**伊勢松ヶ島に十二万石という大きな領地をもらいます**。これは、当時の秀吉の直臣の中では、**ほぼトップレベル**になります。

山崎▼それだけ戦功が評価されていたってことだ。すごいですね。

黒田▼あともう一つは、**秀吉政権になると、有力大名がみんな羽柴の名字になる**んですね。

山崎▼みんなですか？

黒田▼有力な人はみんな。だから、徳川とか上杉とか前田とかも、みんな羽柴。

山崎▼じゃあ、**秀吉から「羽柴」の姓をもらって、羽柴氏郷になった**んですね。

黒田▼そうです。

城造りの名人、松坂城を築城

橋場▼一五八八年、松ヶ島から松坂《まつさか》（現在の松阪）へ居城を移しますが、ここを開発します。**新しい城を造って城下町も全部、一からつくる**んです。

山崎▼そこで商業を始めるんですね。

橋場▼そうですね。今も残っている松坂城跡を見てみましょう。

山崎▼築城形式でいうと、平山城に分類されるお城ですね。

橋場▼正解です！　詳しいですね。松坂城は、真正面から攻めても石垣に邪魔されるし、左右に流れれば今度は櫓《やぐら》があちこちに造ってありますから、**攻めるのが非常に困難な城**なんです。

山崎▼これまでに培ってきた、**さまざまな戦のテクニックを詰め込んで、居城を移している**んですね。**〝もしも蒲生氏郷を大河ドラマの主人公にするなら〟起承転結の「転」は、「秀吉のもとで大きく飛躍」**でどうでしょうか。

黒田▼いいんじゃないですかね。

第四章　民に尽くし、若くして死す

奥羽の平定のため、会津へ栄転

山崎▼秀吉にも認められるほど優秀だった蒲生氏郷ですが、その後の彼の人生には、どのようなことが待ち構えているのでしょうか？

黒田▼秀吉が全国を統一したあとの一五九〇年、奥州の会津に領国を移されます。はじめは、四十万石くらいだったのですが、領土がさらに増えて、一五九一年には、なんと九十二万石。

山崎▼え？　倍以上じゃないですか！

黒田▼**大名の中では、なんと四番目**になります。

山崎▼**徳川家康、毛利輝元、羽柴秀保に次ぐ、四番目！**

黒田▼そう。

山崎▼こんなに有名な人たちに続く四番目！　四番目なんて、乃木坂46でいったらフロントメンバーですよ。でも秀吉は、有能な部下である氏郷を、なんでわざわざ会津に送ったんですか？

黒田▼奥羽……今の東北地方がまだ鎮まっていなかったので、そこを誰か、優秀な部下を派遣して平定するという仕事が必要になって、氏郷が選ばれたということです。

山崎▼ **重要任務を任されて、会津へ栄転した**ということですね。

日野を参考に会津の経済を活性化

山崎▼ 氏郷も、これまでの戦績で得てきた自信があったんでしょうね。町づくりも上手だったんですか？

橋場▼ 氏郷の原点である日野には、曲がりくねった道があるんですよ。人が多く通る道なんですけど、なんで曲がりくねっているかというと、曲がれば渋滞が起こりますよね。

山崎▼ はい。

橋場▼ 渋滞すれば、商品を見るんです。

山崎▼ ああ、なるほど。頭いいですね。**人々を停滞させるようにして、そこで商売を回して、繁盛するように仕向けた**。

橋場▼ そうです。

山崎▼ すばらしい。故郷の日野を参考に、経済を活性化させたんですね。

もう少し長生きしていたら、歴史が変わった!?

山崎▼ ここまで、蒲生氏郷の悪いところが一個も見つからない！

黒田▼ いや、ないですね。本当に。

山崎▼ そんな蒲生氏郷ですが、なんと一五九五年、四十歳にして病死してしまいます。もう少し長く生きていたら、歴史が変わったとは言わないまでも……。

黒田▼ **いや、変わったでしょう**。

橋場▼ **変わったでしょうね**。

山崎▼ 変わりましたか？　じゃあ、もしかしたら家康をも、凌《しの》いでいたかもしれないですか？

橋場▼ それは、ない。

黒田▼ はい。序列が決まっていますからね。

山崎▼ じゃあ、天下は取れないか（笑）。でも、もう少し長生きしてほしかったな……。歴史を学んでいると、なんでそんなに早く亡くなっちゃったんだという方がたくさんいます。蒲生氏郷もそのうちの一人ですね。というわけで、このドラマの「結」を書きたいと思います。蒲生氏郷の好きなところの一つとして、**自分の出世メインでは考えていなさそうなところ**が挙げられます。なので、**〝もしも蒲生氏郷を大河ドラマの主人公にするなら〟起承転結の「結」は、「民に尽くし、若くして死す」**とします。

橋場▼そうですね。

黒田▼うん。いいんじゃないですかね。

山崎▼というわけで無事、起承転結が完成しました！　先生方、いかがでしたでしょうか？

橋場▼ぜひ、大河ドラマで見てみたいです。

山崎▼蒲生氏郷って名前はあまり知られていないけれど、ドラマにしたら、**出てくる人物たちが華のある人たちばかり**なので。

黒田▼**その中にいながら、本人自体もすごかった**というところがドラマになるんじゃないかなと思いますね。

山崎▼黒田官兵衛的な感じで、ご検討いただけると嬉しいですね（笑）。

column

蒲生氏郷×客観視

一番好きな武将は、蒲生氏郷です。

ツバメの尾羽の形を模した漆黒《しっこく》の兜「黒漆塗燕尾《くろうるしぬりえんび》型兜《なりかぶと》」が印象的なので、戦国ゲームでなんとなく知っていた人もいるかもしれません。星の数ほどいる戦国武将の中でも、彼の兜がダントツで現代人ウケがいいと思います。まだ見たことがない人は、今すぐに検索してほしい。かっこいいんですよ！　とにかくかっこいい！

でも、私が蒲生氏郷を推す理由は、鎧兜のかっこよさではありません。彼の行動から見える人間性に、どうしようもなく惹かれるんです。

蒲生氏郷は、信じられないくらい計算高いと思います。誰の味方をして、誰のために動けば得か、常に考えているはず。要は、客観視がうまい。

頭のどこかで常に、自分の状況を冷静に見ている。今だけじゃなくて、のちのちのことも考えながら、人とコミュニケーションをとっているのが分かる。かなり緻密《ちみつ》な計算の上で、自分という駒を動かし、その盤の中で、自分が面白いと思える選択も織り交ぜている。

一見、自分の出世がメインとは考えていなさそうな生き方をしていると思います。家柄や序列を抜きにしても、天下を取りたがっている感じがしない。でも、きっとそれすらも氏郷は計算済みだったのかもしれないなぁ。

以前、「みんなから好かれたいと思ってしまう」という相談が私のSNSアカウントに届いたことがあります。どうやら、いい人だと思われたいが故に、意見を言って相手に引かれてしまうのが怖くて、積極的に話せないと。

たしかに、自分を客観視できるようになると、「人からどう見られているか？」敏感になります。それに怯える気持ちも分かります。でも、他人視点を持って生きたほうが、絶対に得です。蒲生氏郷を知って、その考えは確信に変わりました。

結論から先に言うと、私はいい人だと思われたいんです（笑）。

人間ってよく「他人を思いやれる生き物」だと言われますが、実際は「他者からの承認欲求で動いている生き物」だと思います。人と人との間に生きている以上、他人を全く気にせずに生きるのは不可能に等しいですよね。誰にも迷惑をかけずに生きていくことはできません。何をしていても何かに影響を与えているし、自分も何かから影響を受けている。常に何かと何かに挟まれた状態で生きている。

蒲生氏郷を見習って、言動の数歩先を見つめていたいものです。他人が自分のどんなところに心を動かすのか、何で喜び、何で怒るのか。その感覚を鍛えておくことは、保身にもなると思うのです。

思わぬ反応をされる場合もあるけれど、なるべく自分の浅はかな希望を他人に押し付けないほうがいい。みんなから好かれるのが難しくても、不快に思う人をできるだけ作らないように心がけています。

ポイントは、自分がやさぐれそうなときほど、「いい人キャンペーン」を実施します。自分のご機嫌は、自分でとったほうが手っ取り早いです。他者からの承認欲求を超えて「この人に喜んでほしいから、何かしたい」と思える相手が、誰にでもいつか現れると思います。親族、友人、恋人、同僚、顧客、いつどこで現れるかは分からないけれど、きっといます。そうして出会えた大切な人たちが喜んでくれるのが、一番嬉しいです。

喜んでくださる人たちのおかげで、私の「いい人キャンペーン」は私利私欲ではなくなっています。あざといと言われることもありますが、いいんです。キャンペーン中は、自分が大切にしている人のことを考えていて、ただ楽しいだけだから。

それともう一つ。以前中居正広さんがラジオで、「いい人貯金をしている」という話をしていました。なるほど、好感度って、貯金みたいなものかもしれません。蒲生氏郷も、人に尽くすことで貯蓄してきた好感度を、然るべきタイミングで信用に換金して行動している気がします。だから鞍替えしても文句を言われなかったし、裏切りを恐れて途中で殺されたりもしなかった。

ずる賢いんです。蒲生氏郷も、山崎怜奈も。でも私は、そのずる賢さも肯定していきたい。これからも自信を持って推します。大好きです、蒲生氏郷。

column　蒲生氏郷 × 客観視

歴史のじかん

Rena Yamazaki

第六回

徳川家康が最も恐れた男

多くの人に愛されている戦国武将、真田幸村は、戦国時代の名将、真田昌幸の次男として誕生。一六〇〇年、父昌幸とともに関ヶ原の戦いに参加して、敗戦。それから十四年間、幸村は九度山《くどやま》に幽閉されることに。十四年後の一六一四年、大坂方の要請で大坂城へ入城。そしてあの有名な「真田丸」を築き、大坂冬の陣で大活躍。しかしその後、大坂夏の陣で最期を迎える――。幸村はいかにして最強の武将になったのでしょうか。

今回の先生

小和田哲男さん（静岡大学名誉教授）　歴史学者。二〇二〇年のNHK大河ドラマ『麒麟がくる』をはじめ、大河ドラマの時代考証をこれまでに七作品担当。真田幸村の印象は現代人にとってもヒーローで人気者。

黒田基樹さん（駿河台大学教授・歴史学者）　NHK大河ドラマ『真田丸』の時代考証を担当。真田幸村は真田の名前を一番有名にした人物だと考える。

第一章　最強軍師　幸村のルーツはたらい回し人生⁉

「真田幸村」は本名じゃない

山崎▼真田幸村って、「信繁《のぶしげ》」という呼び方もされていますよね。

小和田▼黒田さんが時代考証をやった大河ドラマ『真田丸』では、「信繁」で出ましたよね。

黒田▼「幸村」というのは、江戸時代に作られた戦記物の、大坂の陣を描いた物語に出てくる名前なんです。

小和田▼お父さんもお兄さんも、みんな「幸」が付くのに、「信繁」では真田の人間だと思ってもらえないかな……というので、たぶん江戸時代の作家が「幸村」って付けちゃったんだと思います。

黒田▼これが広く一般に広まったということと、江戸時代の真田家もその名前を採用してしまったので、それがあたかも本名であるかのように伝わってしまったんです。

山崎▼えぇ⁉　そうだったんですか！

小和田▼彼が出した手紙にはちゃんと「信繁」って出てくるんですけど、江戸時代の真田家が編纂した本には「幸村」って出てきちゃうんです。

山崎▼えぇ⁉　子孫なのに⁉

小和田▼それで一般的にはずーっと「幸村」だと信じられてきたんだけど、研究者がこれは本来の名前に戻すべきだろうということで、今では「信繁」とされています。

山崎▼本人が信繁って名乗ってるんですから、信繁で知られてほしいですよね。この本は歴史の本ですから、本名である「信繁」で進めましょう。

■信繁（幸村）の人生は人質人生

小和田▼真田家は、もともと長野県の真田（現在の上田市）を本拠地として、だんだん大きくなっていくのですが、**有力な大名に囲まれていました**。北には上杉景勝、南東には北条、南には徳川……その中でどう生き残るか、あっちに付いたりこっちに付いたりしていくんです。その中で、信繁は、いろんなところに人質に出され、たらい回しにされます。

黒田▼人質っていうのは子どもであれば十五歳までなんです。幼少の子どもか、社会を引退したお母さんとかの〝役割〟。信繁は母や祖母とともに、武田氏の人質、滝川一益《たきがわかずます》の人質、木曽義昌《きそよしまさ》の人質、徳川の人質と転々としていきます。徳川が上杉に服属すると、信繁も上杉に。その後、秀吉にも服属しますから、今度は秀吉に。さらに、そこから信繁は、秀吉の直臣に取り立てられるんです。

なぜ、信繁は最強の武将となれたのか

山崎▼信繁が、**人質でありながら、豊臣秀吉の直臣に昇格した**というのは、信繁の人柄も影響したんですか？

黒田▼みんながみんなそうやって直臣に取り立ててもらえるわけではないので、気に入られたというのもあるんでしょうね。

山崎▼ある程度、要領がいいところがあったんでしょうか。私がたらい回しにされたら、精神的に疲労困憊になっちゃいますけど……（笑）。ところで、すぐれた戦術家と呼ばれる信繁ですが、そのルーツはどこにあると思いますか？

小和田▼信繁はいろんな大名のもとで人質になっていましたが、それぞれの大名の軍略を学んだ……というより、盗んだのではないか、と私は思います。もともとお父さん（真田昌幸）が武田の軍略を受け継いでいるので、**武田、上杉、豊臣という当時を代表する大名たちの軍略のいいところを吸収してる**んです。だから大坂冬の陣・夏の陣でも大活躍できますし、やっぱり、**「いいとこ取りをしたエリート」**ですよ。

山崎▼人質生活が、信繁を最強の武士に育てた、と。たらい回しにされながらも、その状況の中でしっかり学んで帰ってきているということですね。

第二章　戦国のレジェンド　父・昌幸の神采配

■ 父・昌幸は戦国の一匹狼

山崎▼真田信繁を語る上で欠かせない存在が、父・昌幸ですよね。**私はどちらかというと、お父さん推しです（笑）**。

小和田▼私は〝戦国の一匹狼〟という呼び方をしています。とにかく周りは敵だらけで、誰と結べば生き残れるかをずっと考えながら生きた人でした。周辺を有力な大名に囲まれている中でポツンといるわけです。彼がどっちに付くかによって三者の力関係が変わってくるので、みんな彼のことがほしい。その関係をうまく使いながら立ち回ったというのが、父・昌幸の生き方ですね。

山崎▼やっぱり秀吉の言うとおり、**「表裏比興《ひょうりひきょう》の者」**ですね。「仕えたふりをして次々と主君を変える者」という意味ですよね。人たらしだなぁ。

黒田▼秀吉は最後、激怒します。言ってることとやってることが違うじゃないかと。

小和田▼「比興」っていうのは卑怯者の卑怯ではなくて、はなはだしい、けしからん、という意味ですね。

山崎▼人たらしだと言われてしまいがちですが、この時代の乱世を生き抜く術はすごかったんだろうなって思います。

黒田▼たしかに、他の国衆レベルでは、簡単につぶれるか、どこかの大名の家臣に従わざるを得ないという状況になっていたでしょう。それを彼は、見事独立していた。

真田家存亡をかけた父・昌幸の「二股作戦」

小和田▼ところで、信繁の立ち位置が、すごく微妙なんです。というのも、信繁の兄・信之は、どちらかというと家康寄り。一方、信繁は秀吉の人質になり、腹心の一人である大谷吉継の娘と結婚した。これで、**のちの「関ヶ原の戦い」の東軍サイドと西軍サイドに分かれちゃった**。戦国時代にはよくあることですが。

山崎▼同じ一家の中でも、個人によって立ち位置が変わってきてしまうんですね。

小和田▼お父さんの昌幸は、大の家康嫌い。第一次上田合戦で実際に戦っていますしね。昌幸はどちらかというと豊臣サイドで動いていますが、**家を残すために、息子の一人を家康側に付けています**。家康が将来的には伸びるかなと予測を立てて……。信繁がなかなか難しい立場にいたことは確かです。

山崎▼こうして、関ヶ原の〝予期せぬ〟戦いに繋がるわけですね。

家族を分けた関ヶ原の戦い

小和田▼父・昌幸、兄・信之、弟・信繁の三人が、犬伏《いぬぶし》（現在の栃木県佐野市）で会談を開きます。秀吉の家臣・石田三成から「家康と戦うことになったので味方に来てくれ」という密使を受けての会談です。これが有名な「犬伏の別れ」。

山崎▼関ヶ原の戦いを前に、西軍と東軍どちらに付くか話し合ったんですね。

小和田▼昌幸は「俺は家康が嫌いだから、三成と手を組む」と。信繁も、大谷吉継の娘と結婚しているし、秀吉のもとで育てられたという経緯もあるので、父と同じく西軍に付きます。でも、信之は「徳川四天王」と呼ばれた本多忠勝の娘と結婚していることもあって、東軍に付くことにしました。こうして、**《東軍（徳川方）兄・信之》vs《西軍（豊臣方）父・昌幸、信繁》**という対立構造になりました。

山崎▼婚姻関係があると難しいですね。自分一人の思いでは動けないから。

黒田▼当時の史料や、江戸時代以降の受け継がれ方を見ると、さまざまな説があります。江戸時代後半は、信繁と信之の二人の仲が悪かったから東西に分かれたという説。明治時代以降では、昌幸が家を残すために二手に息子を分けたんだという説です。**その当時の人々がどういうストーリーを求めるかで変わっていく**んです。

山崎▼諸説あるんですね。私はどちらかといえば、「家を残すためにあえて分けたのかな」って思います。

小和田▼近代人だね（笑）。

黒田▼江戸時代の人は絶対にそういう考え方しないんです。

山崎▼しないのかぁ……。私は家を残すために分かれたんだと思いたいなぁ。

■関ヶ原の戦いに敗れた父と信繁のその後

山崎▼関ヶ原の戦いで、西軍は敗北。その後、秀吉の味方に付いた二人の生活は……。

小和田▼家康は、本当は西軍側に付いた昌幸と信繁を殺したかった。でも、信之が必死の懇願をするんです。東軍での武功に免じて、二人の命は助けてくれと。本多忠勝もそう家康に言って、結果、二人は高野山の九度山に流されます。

山崎▼**昌幸と信繁は十四年間の幽閉生活**に入るわけですが、幽閉期間は何をしていたんですか？

黒田▼することはないです。ただ単に、生きていく。それまで、彼らは軍人でもあり、政治家でもあった。でも、領内の支配という仕事が一切なくなってしまった。

山崎▼**ニートみたいなもの？**

小和田▼年金生活みたいなものですかね。信之からの仕送りがあるから、生活には困りませんでした。

黒田▼信之からもらっているのと、幽閉された先の大名からの支援金、生活費みたいなものもあって。一年間でいくらだと思います？　家来は六十人ぐらいかな。

山崎▼全然予想がつかない……。

黒田▼信之からは年間百両、今でいう一千万円くらいです。紀伊の大名からは五十石、五百万円。だから年間で千五百万円が入ってきてました。

山崎▼結構リッチな生活が送れそうじゃないですか？

黒田▼でも家来が六十人ですから、厳しいですよ。

小和田▼そういう生活の中で昌幸は亡くなりますが、息子の信繁は生き延びます。お酒を所望したりとか、連歌をやったりしてましたよね。

黒田▼はい。「やることないんだったら連歌でもやったら？」って信之の家老から言われて。でも「年取ってきたから、今さら勉強したって身につかない」と愚痴をこぼしていたそうです。

山崎▼じゃあ十四年間のニート生活、幽閉生活とはいえ、意外と楽しんでいたのかも……？

小和田・黒田▼いや、楽しんではいない。

山崎▼あ、政治家としては、楽しくはないか（笑）。

黒田▼三十歳過ぎたくらいで幽閉なので、**人生で一番活躍できるときがニート暮らしになってしまっていた**。

山崎▼働き盛りなのに……。

第三章　ニートが起こした戦国最後の奇跡「真田丸」

大坂城最大の出城「真田丸」とは

黒田▼豊臣が徳川と戦をすることになった「大坂の陣」において、大坂城の周りに「出丸」という出城をいっぱい築くんです。その中で最も大きかったのが、大坂城平野口の南に構築された「真田丸」と言われています。できてすぐに真田が入っていたので、真田出丸と呼ばれるようになりました。

山崎▼ニートに任せたのが、一番大きい出丸だったたってことですか？

黒田▼ニートとはいっても、信繁は秀吉時代に二万石近い所領を持っていましたから、大坂に入ってきた浪人衆の中ではトップクラスの存在なんです。元大名ですからね。

山崎▼でも十四年も幽閉されていたら、世間もだいぶ進んでいるし、乱世の中で状況はかなり変わっていたんじゃないですか？

黒田▼いや、他の人たちも十四年間戦争していないから、同じなんですよ。

山崎▼あぁ！　そうなんだ！

黒田▼「関ヶ原」以降、誰も戦をしていないので、**ほとんどの人は「大坂の陣」が初陣**です。逆に、信繁は少なくとも三回は戦を経験しているんですよ。

信繁は戦を知り尽くしたベテラン武将だった

小和田▼ 大坂冬の陣では、徳川方に多くの戦死者が出たのですが、その三分の二がこの真田丸の攻防で亡くなっているんです。大坂冬の陣はさまざまな場所で戦いがありましたが、**真田丸の攻防戦が最大の激戦であり、西軍・大坂城側が勝った唯一の戦い**だから、有名になったわけです。

山崎▼ 大坂冬の陣って、徳川軍の五十万の兵に対し、豊臣軍が十万の兵で応戦。結果、徳川軍が勝利しています。でも、その渦中でなぜ真田丸の攻防戦は「徳川軍の大敗」に繋がったんですか？

黒田▼ 功を獲るのに焦った徳川方の兵が、初めての戦なので突っ込んでいっちゃったんです。上から鉄砲と弓で狙い打ちされたけど、堀が深くて這い上がれなかったので、やられてしまった。戦争のやり方を知らない人たちが陥った悲劇です。

山崎▼ **「真田丸」の勝因は、敵の未熟さ**だったということですね。信繁が戦争の仕方を熟知していたからこその勝利とも言えるはず。

小和田▼ 信繁だからこそ、その采配をとれたんでしょうね。

山崎▼ いくらニート生活が長かろうと、昔の知識をちゃんと使って……さすがプロですね。

■家康からの誘いを断って大坂の陣へ参戦した兵《つわもの》

山崎▼真田信繁は、**なぜ今でもヒーローとして語り継がれている**のですか？

黒田▼真田丸での活躍もそうですが、やっぱり最後の「大坂夏の陣」で、家康の本陣に三度突入して、三度目に討ち死にしたことが大きい。それで〝日《ひ》の本一《もといち》の兵《つわもの》〟だと。

山崎▼「**日の本一の兵**」は、大坂夏の陣において、信繁の活躍を称して敵方の島津家久が言った言葉ですね。

黒田▼家康の本陣を襲ったというのが、信繁の名声を高める理由ですね。

小和田▼大坂夏の陣の前、信繁は家康から「大名にしてやるから」って誘われてるんです。十四年ものニート生活のあとなので、場合によってはそっちに行きたくなっちゃうところを、彼はあえて大坂方で頑張ると決めて、勝つか分からない戦いに自ら乗り込んでいきました。

自分の信念を貫いた生き方が、徳川の世になり、がんじがらめの封建制のもとで生きてきた人たちの中で、人気になったんじゃないかと思いますね。あぁ、**家康にひと泡吹かせた人がいた**んだなぁって。

山崎▼信繁は「真田丸」の武功だけではなく、気持ちの部分でも、人々の記憶に強く残ったんですね。

column

真田幸村 × 親と子

雨音がよく似合う小説を一気に読む日が、たまらなく好きだ。朝八時から深夜二時まで、一冊の小説をただ読みふけるだけの休日は、贅沢でしかない。たまには生活のテンポをゆるめることも大事かもしれない。そんな時間の使い方は、きっと独身時代にしかできない。

結婚したら既婚者、出産したら母親。かつて持て余していた自由な時間を母親になった途端に取れなくなった人を、何人も知っている。電車で見かける赤ちゃんは可愛くてたまらないけれど、自分の子どもとなるとまた感覚は違うのだろう。

私は、共働きの両親のもとに生まれた一人っ子だ。小学校に上がると、お小遣いの収入と支出をノートにつけさせられた。学校から帰宅しても、「おかえり」は聞こえてこない。誰もいない家の戸締まりをして友人と遊び、再び帰宅してもなお我が家の照明は点《とも》っていなかった。夏休みは一日の大半を独りで過ごし、自分で茹でたうどんを食べながら『笑っていいとも！』を見ていた。休日の合わない両親のもとでは「家族旅行」という概念が存在せず、言ってしまえば、山崎家にとっては、年始の里帰りが唯一の家族旅行だった。たしかに、俗にいう「一家団《だん》欒《らん》」の印象からは、ちょっと遠い。

それでも、私は両親と仲がいい。家族揃って外出することは今でもないけれど、父とはよくドライブをするし、母とはランチしながら愚痴を吐き出し合う、持ちつ持たれつの仲だ。二十三歳になった今、二人は私にとって親であり、歳の離れた友人のようにも感じる。

親が子どもに捧げる愛情の形は、それぞれの家庭によって異なる。おそらく、真田家も山崎家も、「それぞれの義に従い、責任を負わせること」が愛情の一つだった。特に父は、娘を褒めて伸ばすタイプではなく、むしろ無理難題を突きつけることが多かった。公立中高一貫校への受験に失敗し、学費の高い私立に進学することが決まったとき、普通なら

「それでもよく頑張ったよ」とフォローするようなシーンなのに、「大学は国公立か早慶じゃないと許さない」と言い放った。

たしかに、地元を離れたかったのも、そのために受験をしたのも、完全に私の事情だ。地元の中学なら本来かからなかった大金を背負うことになってしまった父には、文句を言う権利がある。とはいえ、嫌なタイミングに随分酷なことを言うなぁとドン引きしたのは覚えている。

母が勝手に応募したことがきっかけで受けた乃木坂46のオーディションも、合格を報告すれば、父が眉間にシワを寄せるのは、容易に想像できていた。「ちゃんと勉強はします」という宣誓込みで伝えると、おめでとうよりも先に、「成績が下がったら芸能活動は辞めなさい」というひとことだけが飛んできた。

要は、「好きなことをするなら、やるべきことを放棄すべきではない」という意味で、父が怒っているわけではないのは分かっていた。親の言動やその裏に隠れた文脈を子どもがどこまで汲み取れるかによって、関係性は大きく変わってくると思う。加えて、世話を焼きたいところをグッと我慢して、どこまで子どもを信じて放任できるかによって、成長度合いも大きく変わってくるだろう。これらは家庭だけでなく、主従関係のある組織でも大切なことである。

ことに、昌幸や信繁が生きていた乱世は、戦闘の不利を知ればあっさりと主君を見捨て、敵側に寝返ってもおかしくない時代だった。犬伏の別れが無駄にならなかったのは、真田一族で意思疎通がしっかりと取れていたからだろう。

父がまだ四十代だった頃、ときどきひどく酔っ払って帰ってくることがあった。アルコールの残り香が廊下を通り抜けるたびに、当時小学生だった私は不機嫌な顔をしてしまった。

それでも、これまで私は「お父さん嫌い」と言ったことがない。朝八時にバタバタと出かけていく革靴の音や、深夜二時の寝静まった部屋に密かに響かせるドアのロック音の背景を考えたら、「嫌い」だなんて口が裂けても言えなかった。大人には酔わないとやっていられないときがあることくらい、二十三歳になった今は分かる。

もし親子の間に通じ合っているものがなかったら、私にも反抗期があったかもしれないし、真田家も例外ではない。「信頼できないヤツ」だと悪評が立っていた昌幸に、家族だけではなく多くの家臣や領民がついていったのは、主君を理解しようという姿勢や、一族の中で共鳴し合う信念があったからだろう。

両親には感謝しているけれど、正直、親を見て結婚に憧れたことはない。……とだけ言ってしまうと両親に申し訳ないので一応補足すると、私自身が、「結婚」という法律行為がすごいことだと思っているからだ。もともとは他人なのに、人生の残り時間を共に過ごそうとすると、どんなに大切に想っていても苦しいことだってあるだろう。子どもがいたら尚更、一人で生きていたら負わなくても良かった責任と向き合わなくてはならない。「生活の中心が自分たちでなくなること」に慣れるのは、それなりに大変なのだろう。

だから、若いうちに多忙を極めている中でどうにかして勝ち取る「自由」よりも、己の身を削ってもなお愛おしく想える存在が手から離れたときに、そのご褒美として手に入る「自由」は、もっともっと幸せなのかもしれない。そこに興味を持ってから、結婚や子育てに前向きになった気がする。

＊　＊

このコラムを書くに当たって、父と飲みに行きました。まずは、私が途中まで書いていた我が家の子育て事情、父の思考展開に一寸の狂いもなかったことに安堵しました。

ただ、母譲りの胃の弱さをもつ私は、当時夏バテだったこともあり、帰宅後は案の定、胃薬に助けを求めました。舌に残った顆粒の苦さに眉をひそめながら、母の血も引いていることを確信した夜でした。

事の顛末《てんまつ》を父に報告すると、「でもママの根拠のない自信、能天気さは怜奈とは無縁」という辛辣な返信が。たしかに、うちの母は底抜けに明るく、たくましく、抜けています。それなのに自信だけはあるので、ときどき会話が成立しません。論理的で冷静沈着で完璧主義の父は、それを分かった上で、認めるというよりは、半ば諦めている。娘も右に同じです。

でもそんな夫婦は妙にバランスが取れている。似た者同士でうまくいく関係もあるけれど、真逆の人たちでも成立するということに、両親を見て気付きました。こんなことを本人たちに言ったら、父の眉間には深めのシワが彫られるし、母はよく分かんない反論をしてくるだろうけど、言わせてください。

この夫婦は、ちょっとめんどくさいけど、二人の子どもに生まれて、本当に良かったです。いつもありがとうございます。

第七回

意外と知らない忠臣蔵

今回のテーマは忠臣蔵です。忠臣蔵とは、江戸中期、五代将軍・徳川綱吉の時代に、赤穂《あこう》浪士が主君・浅野内匠頭《あさのたくみのかみ》の仇《かたき》、吉良上野介《きらこうずけのすけ》を討ち取った物語です。四十七人の赤穂浪士たちが、藩主・浅野内匠頭のあだ討ちを果たすべく、吉良上野介を討ち取り、その後切腹してしまう。忠義を尽くす美談として長年語り続けられている忠臣蔵ですが、一体なぜ起こってしまったのか、なぜ家臣たちは切腹をも恐れずにあだ討ちを決意したのかなど、実は意外と詳しい内容は知られていない出来事かもしれません。さて、どんな気持ちで赤穂浪士たちは、討ち入りに備えたのでしょうか。

今回の先生

山本博文さん（東京大学史料編纂所教授）著書『「忠臣蔵」の決算書』（新潮新書）が「決算！忠臣蔵」として映画化。忠臣蔵は「日本人の国民性が分かるものの一つ」とのこと。

河合敦さん（多摩大学客員教授）著書に『忠臣蔵のすべてがわかる本』（成美堂出版）な

ど。忠臣蔵は「物語の中に友情、愛情、裏切り、敵討ちなどいろんな要素が入っている唯一のコンテンツ」。

第一章　意外と知らない「殿中」でござる

一人の狼藉《ろうぜき》が藩の取り潰しに発展！

山崎▼そもそも忠臣蔵って、何ですか？

河合▼忠臣蔵というのは、教科書にも載っている**赤穂事件を基にお芝居にしたもの**。つまり、お芝居のタイトルです。赤穂事件とは、四十七人の家臣が主君のあだ討ちをした事件で、当時すごく話題になり、事件から約五十年後に「仮名手本忠臣蔵」という人形浄瑠璃・歌舞伎の演目になったんです。

山崎▼あぁ、聞いたことあります。

山本▼今でも歌舞伎でやってますからね。

山崎▼お芝居にできるほどキャッチーな出来事だったんですね。

河合▼はい、そういうことです。

山本▼江戸時代の元禄十四年（一七〇一年）三月十四日、今の兵庫県にあった**赤穂藩の藩主・浅野内匠頭が、幕府の高官である高家肝煎《きもいり》の吉良上野介を、江戸城の松の廊下で斬りつける**んです。それに将軍綱吉は怒って、**浅野は即日切腹**に処せられました。それに伴い、**赤穂藩も断絶を命じられ、取り潰しとなります**。

山崎▼一人の罪が、藩のお取り潰しにまで……？

山本▼はい。それだけで終われば、こんなふうに後世にまで残らなかったと思うのですが、**大石内蔵助《おおいしくらのすけ》を中心とした赤穂の浪人たち四十七人が、一年九か月後の翌年十二月十四日に、吉良上野介の屋敷に討ち入って、吉良の首を取る**んです。

山崎▼危なっかしい！

山本▼赤穂の旧藩士たちは、**吉良を討ったということで切腹に処せられました**。この一連の事件を赤穂事件と言うわけです。

山崎▼痛ましいですね。最初に吉良上野介を斬りつけなければ、全ては始まらなかったわけじゃないですか。

山本▼そうです、はい。

山崎▼我慢できなかったんでしょうか……。

河合▼でも、それを我慢してしまったら、物語がなくなっちゃうんで（笑）。

武士としてのプライドが引き起こした事件

山崎▼吉良上野介は、なぜ斬りかかられたんですか？

山本▼吉良上野介は**高家肝煎**という役目でした。これは江戸城の儀式を取り仕切る役です。浅野内匠頭は、その儀式の担当者に命じられていたんです。

山崎▼部下みたいな？

山本▼ええ。**教えを受ける立場**です。

河合▼先生と生徒って感じで。

山崎▼なるほど。……って、いやいや、先生を斬りつけちゃ駄目じゃないですか。

山本▼でも、**浅野内匠頭は吉良上野介に十分な贈り物をしなかったために、あまりきちんと教えてもらえなかった**。しかも、浅野は失敗が多かった。斬りつけた当日の朝も、老中などがいる前で「浅野内匠頭は本当につたなくて駄目だ」と吉良が言ったらしいんです。

山崎▼贈り物をしなかったから、嫌がらせをされたんですか……。

山本▼すると、当時の武士は非常にメンツを大切にしていましたから、浅野としては、**「人前で悪口を言われたというのは、武士道にもとる」**と考えたんです。

山崎▼プライドが傷付いたんですね。

山本▼そう。プライドが傷付いて、しかもそれを放置すると武士として臆病者だと思われる……というふうに思い詰めて、斬りつけた。特に武士というのはそういうものなんです。**「人に馬鹿にされて黙っているようでは、武士として役に立たない」**と一般的に言われている時代なので。

吉良上野介はそんなに悪い人？

山崎▼吉良上野介は、斬りかかられても仕方がないぐらい悪い人なんですか？

山本▼たぶん、そんなに悪い人ではないです。ものを教える立場にあるので、教わるほうがそれなりのお礼をするのが当時の常識でした。**浅野のほうにちょっと非常識な面があった**と思います。

山崎▼でも、吉良上野介って、すごく悪者扱いされてますよね。

山本▼ええ。これは、劇にするときに、吉良上野介がめちゃめちゃ悪者じゃないと、討ち入って首を取ることが合理化できないからです。だから、悪者にしておくというのが定番なんです。

河合▼悪ければ悪いほど、最後に倒したときにスカッとしますしね。

山崎▼大人の戦略だったんですね。

河合▼そうでしょうね。

山本▼全然悪くもないのに、わざわざ押し入られて殺されたんじゃ、物語として見てもさすがにかわいそうですし……（笑）。

赤穂事件を引き起こした「喧嘩両成敗」の考え方

山崎▼発端はあったとして、なぜ家臣たちは吉良を討とうと思ったんですか？　客観的に見たら吉良は事件の被害者で、単なる逆恨みに思えてしまいます。

山本▼実は、そこがこの事件の大きなポイントなんです。「喧嘩両成敗《けんかりょうせいばい》」っていう言葉を知っていますか？

山崎▼はい。喧嘩をした両方が悪いという意味ですよね。

山本▼何か喧嘩があったとき、今だったら理由を聞いて、「こっちが正しい、こっちが間違っている」と判断すると思うのですが、昔は**「喧嘩をすること自体を許さない」「ともに同じ処罰をする」**という考え方でした。これが喧嘩両成敗という言葉の始まりなんです。戦国時代の大名から始まり、江戸時代には、武士の中では当たり前になっていました。

山崎▼「喧嘩両成敗」という字面《じづら》から読み取れるままの意味なんですね。

山本▼はい。**そもそもは両者が処罰されることだったん**です。浅野の家臣は、内匠頭が斬りつけているわけだから、相手も応戦して喧嘩にならなければおかしいと考えています。斬りつけられて逃げるような武士がいるとは思えないと。お互いに喧嘩をしているわけだから、吉良も処罰されないとおかしいというのが彼らの意見なんです。

河合▼吉良が逃げないで少しでも刀に手をかけて抵抗していたら、喧嘩は成立する。それなら、双方ともに死刑ということで収まるのですが、**結局、吉良は何もしなかった**。

山崎▼え、何もしなかったってなぜ分かるんですか？

河合▼当時の証言が残っているんです。

山本▼「刀に手をかけていないし、抜いていない」という証言があったから、これは喧嘩ではないと幕府の裁定で決まった。**「幕府がやってくれないなら、自分たちでやるしかない」というのが討ち入り**なんです。幕府が本来やるべきことを自分たちがやっている、**彼らにとっては正義の行動**でした。

武士が必要ない世で武士らしさを見せたかった

山崎▼時代背景も関係していたのでしょうか？

河合▼そうですね。当時は五代綱吉の時代で、「文治《ぶんち》政治」といって、**武勇よりも法律が重んじられていました**。

山崎▼「無駄な血は流さないでくださいね」というスタンスですよね。

河合▼そうです。それがもしかしたら事件に影響しているかもしれません。

山崎▼武士の役割が変わっていくにつれて、戦における武士としての立場や役割の実体が失われつつあったんですね。

河合▼はい。しかし**武士の中には、時代の流れに関係なく、主君のために忠義を尽くすのが士道だという気持ちがありました**。その中で赤穂事件が起こっているので。

山崎▼時代は安定し始めていたけれど、**価値観が追い付かなかった武士たちが起こしてしまった事件**……ということですか？

河合▼そうかもしれませんね。

第二章　意外と知らない「討ち入り」でござる

リーダー・大石は当初、討ち入りする気がなかった

山崎▼いよいよ討ち入りへと話が進みますが、ここでも私たちが意外と知らないことがあるんでしょうか？

河合▼あると思います。続いては、意外と知らない大石内蔵助です。大石内蔵助は、旧赤穂藩の重臣で赤穂浪士のリーダーです。

山崎▼漢字で書くと「内蔵助」なのに、「内」は読まないんですよね（笑）。

河合▼はい。彼が中心となって、吉良の首を取るわけです。

山崎▼比較的プラスのイメージを抱かれることが多いですよね。

河合▼そうですね。討ち入りの中心人物というイメージがあると思いますが、実は当初は、**全く討ち入りなんて考えてもいなかった**んです。

山崎▼ほかの手だてがあったんですか？

河合▼はい。大石はむしろ、一回藩が潰されてしまったけれど、**浅野家を何とか大名として復活させようと、お家再興を目指していました**。やはり家臣がみんな失業してしまうのは何とか食い止めたいと。それが、大石の一番の願いでした。

山崎▼でもいよいよ、大石も討ち入りを考え始めるわけですよね。

山本▼はい。討ち入りをするには、お金が必要なわけです。だから大石は、お家復興や討ち入りを見越して、**自分の手元に軍資金を用意していました**。

山崎▼貯金、きっとかなりの額でしょうね……。

山本▼大体七百両ぐらいの額なんですが、**現在のお金にすると八千四百万円**ぐらいになります。

討ち入りの成功は大石による予算管理の賜物

山本▼ここで問題です！　討ち入りに必要だったお金というのはさまざまで、例えば、浪士たちへの生活補助手当て、潜伏先の家賃や飲食費、上方と江戸を往復する旅費、討ち入りの準備をするための武器代などがあります。さて、どれに一番お金がかかったと思いますか？

山崎▼やっぱり、浪士たちへの手当てに一番お金がかかったんじゃないですか？

山本▼たしかに浪士たちは失業していますから、最初にもらった退職金もどんどん使い果たしてしまっていました。だから家賃や生活費、食費の補助もするのですが、それよりもお金がかかったものがあるんです。

山崎▼何ですか？

山本▼**旅費**です。江戸と上方に浪士たちが散らばっていたのですが、江戸の浪士たちが自分たちだけで暴発しようとするんです。それを止めるために、大石は人を派遣して「何とか抑えてくれ」と伝えます。しかしその伝言を託した人まで、江戸の空気にあてられて「やっぱり討ち入ろう」と言い始めてしまう。仕方なく第二弾の説得役を送ると、彼らも、「やっぱり討ち入るべきだ」と言い始める。第三弾として、大石がわざわざ行って「とにかく今は我慢しろ、来年の三月まで待て」と説得する……というようなことをしていたら、お金がとてつもなくかかってしまいました。**ミイラ取りがミイラになって経費が激増**するんです。

山崎▼ええと、みんな、ちょっと大石さんの言うこと、一旦聞こうか……（笑）。

山本▼その旅費を総計すると、大体二百四十八両、今のお金にして三千万円近い金額がかかりました。

山崎▼旅費だけで三千万円……！

山本▼予算が途中でなくなってしまうと生活ができないから、自分だけでも討ち入ろうと暴発する人間もいたかもしれません。それを抑えられたのは、**大石がお金を管理していたから**なんです。

山崎▼いやあ、生まれ変わっても大石内蔵助にはなりたくない。無理（笑）。

息も絶え絶えな吉良の首を取る

山崎▼そんな努力があって、いよいよ討ち入り。そのときの様子を教えてください。

河合▼取り潰しから一年半以上経った十二月十四日夜（実際は十五日未明）に、赤穂浪士四十七人が、吉良邸の表門と裏門の二手に分かれて一気に突入します。一時間ぐらいで邸内は制圧されますが、吉良の首を取らなければしょうがないので、必死に屋敷内を捜し回ります。物置小屋のような所に人の気配がするというので、そこに槍を突き入れると、いろんな物が物置の中から投げつけられたので、この中に誰かいるぞと。それで外から攻撃して中にいた人を引き出してみたら、血だらけの吉良が倒れ込んできた。

山崎▼想像するだけで、痛い、痛い……。

河合▼劇だと、吉良が普通に連れ出されて、みんなの前で、「お首頂戴仕《つかまつ》ります」と言われて首を取られるという名シーンがあります。でも実際は、**物置の中の戦いでほとんど息絶え絶えになっていた吉良を引き出して、間十次郎《はざまじゅうじろう》という人が首を取りました。**

赤穂浪士の討ち入りは忠義のためではない⁉

山崎▼こうして赤穂浪士たちは無事討ち入りを果たし、主君の無念を晴らして忠義を成し遂げました。めでたしめでたし！　っていうことで大丈夫ですか？

山本▼今、山崎さんがおっしゃった「主君の無念を晴らす忠義」という言葉がありました。しかし実は、**赤穂の浪士たちが討ち入りをしたのは、忠義のためではなかった**んです。

山崎▼え？

山本▼彼らが何を考えていたか？　実は、大石が、なぜ自分たちがこういう行動をしたのかを書いたものが残っているんですが、そこには**「このままにしておくと自分たちの武士の一分《いちぶん》が立たないから」**と書いてあるんです。

山崎▼武士の一分？

山本▼ええ。武士には、これだけは我慢できない、そのままにしてはいけないということがあるわけです。**要するに、武士のメンツ**ということです。これを武士の一分と言います。

山崎▼浅野が吉良を斬りつけた理由にも近しいですね。

山本▼そう。**浅野が吉良を斬りつけたのも武士の一分です**。実現しないと、自分たちのメンツは一生潰れたままになってしまう。そうすると、もう世間に顔向けできない。**世間に顔向けできないぐらいなら、死んだほうがマシだ**。というのが彼らの思考方式です。

山崎▼武士としてあるべき姿の筋を通したいということですね。

河合▼それにプラスして、討ち入りに参加した中には、ほとんど重臣がいなかったんです。**「身分の軽き者ばかりだ」と大石が嘆いたという記録も残っています**。

山崎▼ということは、藩が取り潰しになり、身分も失って、**生活を営むことすら苦しい人が多かった**ってことですね。

河合▼そうです。ぎりぎりの生活をしながらも武士として生きてきた、その**身分すらも奪われてしまったという恨みも、一部ではあったのではないか**と思っています。

山崎▼忠義だけがあふれている話ではないんですね。

山本▼主君の恨みを晴らすというのは、のちの時代の人たちがそう思っただけで、彼らは自分たちの筋を通しただけだった……。

山崎▼**当の本人たちは、自己犠牲の精神ではなく、あくまで自分の意志を通すために動いていた**ように思います。

山本▼忠義とか自己犠牲といった評価の言葉は、実は後世の人たちの考え方で。当人たちは何を考えていたかというと、「武士として当たり前のことをしただけだ」と。

河合▼ちなみに山崎さんは、何のためだったら命を捨てられますか?

山崎▼え？　二十二歳（配信当時）に聞きますか。

河合▼二十二歳にこそ、聞きたいですね、今の若い人たちはどういう考えなのか。

山崎▼でも今の若い子って、自己犠牲の精神が薄いと思うんです。

河合▼ですよね。昔の人たちはたぶん、**「自分は何のために命を捨てられるんだろう」って常に考えて、いざとなったら迷いなく行動ができた**。それが武士だったんだと思います。ですから、今の若い人もぜひ、何のために命を捨てられるかを、常に考えておいたほうがいいんじゃないかなと僕は思いますけどね。

山崎▼道徳の授業みたいになってきましたね（笑）。大石さんと吉良さんに関してはなんだか切ないですが、浅野さんには、もうちょっと短気を直してほしいかも（笑）。

column

忠臣蔵×正義

「何のために生きてるんだろう」という問いを、手を替え品を替え繋いでいる。

いつの時代も、人の思想には立場があり、それぞれの正義があった。正義と正義のぶつかり合いによって争いが生まれ、立場間で争いがあって社会はつくられてきた。赤穂浪士たちにとって、名誉を守ることが「武士としての正義」だったように。

平成は、多様性や平等を説かれてきた時代だった。集団で一番を取るよりも「個性」を尊重する流れは教育現場にも存在し、一見いい風潮のようで、オンリーワンを求められるのは苦しくもあった。

就職氷河期を知っている大人たちから、「選択できる人生を生きなさい」と言われて育った人も多いだろう。この約三十年間で日本は物質的に豊かになり、生活に必要最低限な作業も時短でできるようになった。その反面、ただ生きているだけだと否が応でも時間が余って、手持ち無沙汰になる。

かくいう私も、十代までは選択肢がたくさんある状況を求めて生きてきたのに、その選択肢の多さに幾度となく悩まされた。誰かから見たら贅沢な悩みかもしれないし、何がそんなに生きづらいのかと理解されないかもしれない。

ただ、多様性を尊重する社会には生き方のパターンが無限にあって、何度も選択を迫られる。何か一つを選ばなければならないとき、選択肢が多いというのは厄介でもある。

世を平らかにする社会は「個性」を当てがってくれないのに、私たちは自分の価値を確かめるために「個性」に振り回され、「個性」を見つけるために結局また人と比べる。表向きには競争が存在しなくても、優劣や勝敗を頼りに存在証明を探してしまう。そのうち、何者にもなれない自分への小さな自己否定がちょっとずつ積み重ねられていくのだ。

個性のある人は素晴らしいかもしれないけれど、それが正義であるように扱われると「正義」は「暴力」に豹変する。善意という大義名分のもとに身勝手な正義を振りかざし、そこに該当しなかった者を極悪人のように吊るし上げる様子を度々見かけるが、その行為に意義なんてない。

もしかしたら、自分が良かれと思ってやったことでさえも、どこかで誰かを傷付けてしまっているかもしれない。無自覚のうちに正義を執行し、無邪気に人を傷付けてしまう前に、自分の中に潜んでいるかもしれない残酷さを認め、自制していかなければならない。

どちらが正義で、どちらが悪か。正解は一つじゃないかもしれないし、一つもないのかもしれない。分かり合えない相手にも、譲れない信念がある。

赤穂事件は、幕府の統治が落ちついて文治主義的な移行を始めようとした頃に起きた事件だった。世の中には白か黒で色分けできない、グレーの部分だってたくさんある。本当の意味で多様性を尊重する社会に変わろうとしているのであれば、グレーに生きる人間にも「個性」という名札を与えてほしい。曖昧さの肯定は、そんなに難しいことじゃないはずだ。

振り返ってみると、あれは間違いだったと思うことなんて星の数ほどある。誰だって人として生を享《う》けて一発目の「人生の初心者」で、全員が初心者マークをつけていて、いつかどこかで必ず間違える。でも、あのとき間違えていなかったら出会えなかったことも、失敗から学んだことも、たくさんあるだろう。間違いを犯した人間をこれ見よがしに糾弾する風潮は、多様性を説く社会において矛盾でしかない。

「何のために生きているのか」

その答えあわせをするように、私は日常をなるべく真摯《しんし》に生きようと思う。昔選んだ選択が少しでも美しく輝くような未来を求め、選択し続けることが、人生の初心者にも易しくて誠実な生き方なのかもしれない。

第八回

もしも伊能忠敬を大河ドラマの主人公にするなら

伊能忠敬（一七四五〜一八一八年）は、五十歳を超えてから、日本全国を歩いて測量し、GPSもない時代に精巧な地図「大日本沿海輿地全図《だいにほんえんかいよちぜんず》」を作成した人物として知られています。発想が（良い意味で！）クレイジーな地図のおじいちゃん、というイメージの伊能忠敬を、「もしも大河ドラマの主人公にするなら、どんなストーリーになるのか」という目線で先生方のお話を伺いつつ、彼の人生を起承転結で紹介していこうと思います。

今回の先生

冲方丁《うぶかたとう》さん（小説家・脚本家）　歴史小説『天地明察』で五冠を達成（本屋大賞、大学読書人大賞、吉川英治文学新人賞、北東文芸賞、舟橋聖一文学賞）。伊能忠敬マニアとしても知られる。伊能忠敬の好きなところは、人生をかけて何かにとことん打ち込んでいるところと、ドラマチックさ。

河合敦さん（多摩大学客員教授）　実際にテレビ番組の企画で、伊能の歩測を検証したことがある。伊能忠敬の好きなところは二つの人生を生きたというすごさ。

第一章　総資産五十億！　実は現代の孫正義だった!?

クレバーであり、クレイジー。伊能忠敬ってどんな人？

山崎▼伊能忠敬といえば、日本地図を作った人物。今から二百年前につくった実際の日本地図が「大日本沿海輿地全図（伊能図）」です。日本全土の実測地図で、一八二一年に完成しました。

冲方▼本当は**体育館ぐらいの大きさがある**んですよね。

山崎▼そんなに!?

河合▼はい。一枚が畳一枚くらいの大きな地図を、二百十四枚重ねて一つの地図にしていますから。

山崎▼この地図の再現度、相当高いですよね。

河合▼日本で初めて、**実際に沿岸部を全部歩いてつくった実測図**ですからね。これまで誰もそんなことをやろうと思わなかった。

山崎▼GPSなんてなかった時代に、実際に歩いて、測る。それで潔くやってのけた……その考え方はすごいです。クレバーですよね。

冲方▼クレバーであり、クレイジー（笑）。

河合▼ある意味、変態とも言える。

山崎▼でも、変態がいるからこそ、文化が発展したとも言えますよね（笑）。

河合▼その通りです。

山崎▼そんな伊能忠敬、どんな人物だったんでしょうか？

冲方▼まず、彼は**一流の経営者です。商人だったんです**。

河合▼もともとは、千葉県の九十九里にあった小関村《こせきむら》（現在の九十九里町）の、名主《なぬし》の家に生まれました。でも、彼が幼い頃にお母さんが亡くなってしまって、お父さんは婿養子だったから家を出て行ってしまい、父子離れて暮らすことになりました。

山崎▼苦労したんですね。

河合▼一人残されてしまった忠敬は、虐げられていたんじゃないかと推察します。そして十七歳のとき、伊能家に婿養子として入りました。伊能家は千葉県の佐原で、酒や醤油の醸造、貸金業、水運業を営んでいた豪商でした。

冲方▼**若い頃から忠敬は学問が好きで、本当は学者になりたかった**んだと思います。

山崎▼でも、それを我慢して、伊能家の繁盛に自分の人生を捧げたんですね。

本当は学者になりたかったけれど、経営者として大成功

河合▼経営者をやると決心してからは、米づくり、薪問屋、海船業と、どんどん手を広げて資産をつくっていきました。個人資産が相当あったと言われています。

山崎▼すごいですね。どれくらいあったんですか？

冲方▼**現代に換算すると五十億円ぐらい持っていたそうです**。

山崎▼五十億……!?

冲方▼江戸時代の江戸においての五十億ですから、現代に置き換えると、孫正義さんみたいな存在だと思うんですよね。

山崎▼うわあ、大富豪ですね。

冲方▼**天明の大飢饉の際には、伊能忠敬が私財を放出しています**。

山崎▼江戸時代中期（一七八二〜一七八七年）に発生した飢饉ですね。近世では最大の飢饉と言われています。

冲方▼はい、**忠敬のおかげで餓死者を出さずに済んだ**といいます。

河合▼忠敬は三十六歳のときに、佐原村（現在の千葉県香取市）という村の名主、いわゆる村長さんになっています。飢饉が起こったときに、村人を誰も死なせないぞという気持ちで、自分のお金も出したんだと思います。ただ、忠敬は商人なので、**関西から莫**

大なお米を購入して村人たちを救う一方で、江戸にそのお米を売って儲けてもいました。だから決して慈善事業だけではなく、したたかな経営の才能もあったんです。

山崎▼ここまでの生い立ちもなかなかドラマチックですね。でもまだ、地図にはあまり繋がらないなぁ……。

沖方▼ストーリー的には、ここが起承転結の「起」ではないでしょうか。

山崎▼お！ ありがとうございます（笑）。では、〝もしも伊能忠敬を大河ドラマの主人公にするなら〟起承転結の「起」は、「実業家として人々を救う」です！

第二章　第二の人生はオールドルーキー

五十歳から第二の人生がスタート

山崎▼実業家として成功して人々を助け、財産も有した伊能忠敬ですが、なんと四十九歳で引退します。

沖方▼第二の人生がいよいよ始まります。五十歳にして江戸に単身で移り住んで、自分のお金で家を建てます。

山崎▼地位や名誉に区切りをつけて、完全移住！ 潔いですね。江戸で何をしていたんですか？

河合▼やはり勉強し直したいということで、**「天文方」という幕府の科学技術の研究所のようなところに勤めている、高橋至時《よしとき》という人に弟子入りした**んです。

山崎▼天文方というのは、江戸幕府によって創られた、天体運行や暦の研究機関。そして高橋至時（一七六四〜一八〇四年）は、天文学者・暦学者。……でもそのとき、伊能忠敬は五十歳ですよね？

河合▼そうです。

山崎▼ちなみに、弟子入り先の高橋至時はおいくつですか？

河合▼十九歳年下です。つまり、五十歳の忠敬が、三十一歳の高橋至時に弟子入りしたんです。

冲方▼すごいですよね。**新進気鋭の若手の学者のところに、今でいう元市長で超富裕層のおじいちゃんが弟子入り**。

物覚えの悪さは地道な努力で克服、庭に天文台をつくるほど学問にのめり込む

河合▼年を取っているので、物忘れが激しくなってしまっていて。いざ勉強を始めても、いろんなものを忘れちゃったり、なかなか覚えられなかったり。それでも少しずつ学問

が進んでいって、最終的には**五年間で、至時が持つ全ての技術を習得**しました。

山崎▼全てですか!?　すごい。地道な努力に勝るものはないんだなあ。

冲方▼学問は永遠普遍のもの。自分の寿命より巨大な存在ですから、それに触れられる喜びのほうが強かったんだと思います。いよいよ、自分の人生が始まると。

山崎▼小さい頃からの学者気質は残っていたんですね。

河合▼天文学に夢中になるあまり、自宅に天文観測所を作っちゃったというエピソードもあります。

冲方▼そう。自前の観測所。天文方にもないような規模のものを勝手に作っちゃった（笑）。

山崎▼え、えーっと……おいくら万円かかるんでしょうか……?

河合▼何億という単位でしょう。お金はありますからね（笑）。

地球の大きさを知りたい！　から始まった、地図測量の道

山崎▼天文方って、要するに暦を作っていく部署ですよね。

河合▼主にそうですね。

山崎▼ということは、最初は地図を作る気はなかったのでしょうか?

河合▼**もともとは、地球の大きさを測りたかった**というのがきっかけです。ちなみに、地球が丸いってことは、江戸時代の人もちゃんと知っていました。

冲方▼最初は、江戸のある箇所を測って、それで地球全体の大きさを算出しようとしたんですが、**どうも北海道ぐらいまで歩かないと駄目らしいということが分かった**。忠敬は、それを実行できる機会を探していたんです。そしたら、ちょうど蝦夷地の調査命令が幕府から来た。

山崎▼お！　ラッキー！

冲方▼これ幸いと。

河合▼当時、ロシアがどんどん勢力を拡大してきて、当時の蝦夷地のほうにも、しょっちゅうロシア船が来ていました。侵略を恐れた幕府では、蝦夷地を守るためにまずは正確な地図を作ろうという話が出てたんです。忠敬は、それを自分にやらせてほしいと懇願しました。

山崎▼なるほど。でも江戸から蝦夷地まで行くのは相当大変ですよね。当時、どのように測量していたんでしょうか？

河合▼基本的には歩測です。**正確に歩いて長さを測る**。

冲方▼これが伊能忠敬の真骨頂だなと思うんです。歩測をやる。人にも測らせる。もう一回計算し直す。そして戻ってきたとき、もう一回計算し直す。**何回も何回もやる**んです。

山崎▼はちゃめちゃに大変ですね……。じゃあ、**〝もしも伊能忠敬を大河ドラマの主人公にするなら〟起承転結の「承」は、「五十歳で年下の天文方に弟子入り」**にしましょう！……年下ってところ、大事かなと思いました。だってプライドが邪魔をしてしまったら、できないことですよね。**いい意味でプライドがない**。

冲方▼これができる人なんですよね、伊能忠敬は。素晴らしいです。

河合▼プライドよりも、やりたいことをやる。それには年とか関係ないという感じなんでしょうね。

弟子の間宮林蔵との出会い

山崎▼ついに測量のために蝦夷地に向かいます。そこで、**間宮林蔵と出会う**んですよね。

河合▼はい。これが運命的な出会いだったんです。間宮林蔵（一七七五〈異説あり〉～一八四四年）は徳川将軍家の御庭番を務めた役人で、探検家です。今でいう北海道などを探索する中で、間宮は忠敬に弟子入りしました。

山崎▼間宮と忠敬は意気投合したんですね。

河合▼間宮は実際に北海道をかなり細かく測って、その結果を忠敬に伝えているんです。だから実は、**北海道のある部分の地図の中には、最終的には間宮林蔵が測ったものが反映されている**んです。近年は、間宮の測量結果で地図を作ったという説も。

山崎▼えー、そうなんですね！

河合▼忠敬が測れなかったところも結構あったので、間宮にそれを託しました。間宮が全部、正確に測り直して、修正したんです。

山崎▼弟子の間宮、このあと、大きなことを成し遂げるんですよね。

河合▼はい。この間宮が、忠敬の死後に大きな動きをして、とんでもない展開になっていくんです……。

命の危機を抱えながら、四万キロ。全国を測量する際の苦労とは

山崎▼全国各地を歩くのに、当時は藩があるので自由に行き来できるわけではなかったと思うのですが、どのようにしていたんでしょうか。

河合▼一応、許可取りが必要なので、幕府側から連絡しているのですが、うまく届いていないこともあって。しかも**忠敬って結構キレやすくて、しょっちゅう喧嘩してる**んです。

山崎▼えっ、意外！

冲方▼いや、でも、諸藩を動かすには、それぐらいの気迫でいかないと。藩というのは、武士政権が幾つもあるようなもの。「どこかの一地方の商人が偉そうに入ってきやがって」という目線もありました。

山崎▼なるほど、そうですよね。外部の人間が入ってきて、警戒するでしょうし。

冲方▼中には、忠敬のことをこっそり殺しちゃえと思った殿様もいたと思うんですけど、それをさせないための気迫も絶対に必要でした。

山崎▼五十五歳で蝦夷地に発ってから、どんどん歩いて測量していって、どのぐらい歩いた

んでしょうか？

河合▼距離でいうと**地球一周分の四万キロを、十七年間かけて歩いた**という説もあります。

山崎▼スケールが大きすぎて全く想像がつかない（笑）。

病や後継者の死。つらい思いを抱えながらも地図づくりに邁進

山崎▼忠敬は決して超健康体ではなく、いろんな持病を持っていたんですよね。

河合▼はい。喘息《ぜんそく》や痔で悩んでいたようです。あとは、**歩いていく中で、いろんな伝染病にかかってしまった**。

冲方▼ほかの地域に行くときの一番の問題がそれです。予防接種がない時代なので。

河合▼後継者にしようと考えていた坂部貞兵衛という人も、伝染病で亡くなってしまう。そのとき忠敬は自分を鳥にたとえて、「鳥が翼を失ってしまったようだ」という手紙を家族に書いているんですよ。

山崎▼切ない。結構つらい思いをされているんですね。

冲方▼そのつらい思いに耐えて、地図づくりに邁進《まいしん》した晩年を送ります。

山崎▼五十五歳から十七年間かけて全ての測量を無事終えましたが、測量したものを地図として完成させる前に、忠敬は七十三歳で亡くなってしまいます。というわけで、**〝もしも伊能忠敬を大河ドラマの主人公にするなら〟起承転結の「転」は、「四万キロを**

歩き終えるも死す」とします。

冲方▼これが伊能忠敬のドラマの面白いところですよね。「転」で、もう死んでいる。

山崎▼なかなか波瀾万丈ですね。

第三章　地図を巡るアナザーストーリー　シーボルト事件

■忠敬亡きあとの地図、誰が完成させたの？

山崎▼この日本地図、全国を測り終えてデータを揃えて、結局、誰が完成させたんでしょう？

河合▼実は師匠の高橋至時は、伊能忠敬よりも早く、若くして亡くなっているんですよ。それで、**息子の高橋景保と忠敬の弟子たちが、忠敬が亡くなったあとを引き継ぎました。**忠敬の息子さんは測量中に亡くなってしまったので、弟子たちは**お孫さんを連れて、完成した地図を幕府に持っていった。**正式にできました、と。

山崎▼伊能一家の大事業ですね。

河合▼はい。この地図が完成したのは一八二一年。なかなか泣けるストーリーです。**死んだ人の遺志を継ぎながら大きなものができていく**んですから。

山崎▼これが起承転結の「結」ですかね？

河合▼いや、まだです！　最後に、すごいのが待っているんですよ。

地図完成後、大きな事件が起こる

沖方▼高橋景保が完成させた**門外不出の地図は軍事情報でもあり、経済的な情報でもあります**。

山崎▼**国家機密**ですよね。

河合▼もちろん。外国に持ち出すなんて、とんでもないことなのに。

山崎▼なのに？

河合▼**高橋景保が、それを外国人に渡しちゃった**んですよね。

沖方▼**シーボルト**というドイツ人の医師にね。

山崎▼よく教科書に載っている、あのシーボルト（一七九六〜一八六六年）！　日本の西洋医学発展に大きな影響を与えた人ですね。長崎に設けた鳴滝塾では、多くの医師を育成しています。

河合▼日本人は、シーボルトからいろんな技術を学びたいんです。教えてあげる対価としてシーボルトは、例えば大阪湾の周辺がどうなっているかとか、**いろんな情報を門下生に差し出させていた。実はシーボルトってスパイだった**んです。オランダ政府から派遣されて日本の総合的な研究をせよ、と。お医者さんではあるんですが、情報を集めるのが仕事だったんです。

山崎▼えぇー！

河合▼高橋景保にも近づいて、「完成した地図を、世界のいろんなところについて載っている本と交換しましょう」と。景保は、その本がどうしても欲しかったみたいで。

山崎▼当時の日本の状況だと、世界のことを知りたいですよね。鎖国中ですし。

河合▼本当に迷ったと思うんですけど……**結局、景保は地図を渡してしまった**んです。

シーボルト事件の発覚

冲方▼伊能忠敬が、第二の人生をかけて、生涯を費やして作った地図を、シーボルトにあげてしまう。

河合▼しかし、**間宮林蔵がそれに勘付きます**。シーボルトにあげたというのが間宮はだいぶ頭にきたようで、幕府にチクったんです。

山崎▼そりゃあ怒りますよ。

冲方▼ストーリー的には、ここで序盤の伏線が回収されるわけですよ。**間宮林蔵が、自分の師匠である忠敬の遺産を守ろうとして、忠敬の師匠の息子を訴える**という。

山崎▼なんだか複雑な気持ちになりますね……。

シーボルトのおかげで、伊能忠敬の名が世界に広がる？

河合▼シーボルトは、集めた情報や物を船に積んで、長崎から出航しようとしました。ところが、たまたま船が座礁したんです。

山崎▼お！

河合▼その情報を得た幕府の役人がすぐに船に乗り込み、荷物を差し押さえました。

山崎▼よかったぁ。

河合▼結局、間宮がチクったことで、高橋景保は死罪となり、シーボルトは国外追放になります。最後は少し、悲劇的な終わり方になってしまうんです。ただ、シーボルトは地図を幕府に取り上げられる前に……。

山崎▼コピー？

河合▼はい（笑）。全部写本していたので、地図は国外に出てしまった。

山崎▼あぁ……一気に絶望感が……。

河合▼そうですよね。ただ、面白いのは、その国外に出てしまった地図に「間宮海峡」って書いてあるんです。間宮は実際に探検して樺太と沿海州の間に、海があることが分かっていた。それが伊能図の中に書いてあって、シーボルトがそれを世界に紹介したことで、間宮の名も世界に知れ渡ったんです。

山崎▼伊能忠敬の技術力が世界に称賛される形になったのは、ある意味、シーボルトのおかげかもしれない。

河合▼そうですね。

沖方▼日本全国の地図を作っていた男が、世界から認められた瞬間でもあるんです。

山崎▼たしかに……。では、**〝もしも伊能忠敬を大河ドラマの主人公にするなら〟起承転結の「結」は、「シーボルトのおかげで（？）その名が世界に広まる」**にしましょう。

沖方▼いいまとめ方ですね。

山崎▼ありがとうございます！　今回は、「もしも伊能忠敬を大河ドラマの主人公にするなら」という設定でお届けしました。実現するといいなぁ！

column 伊能忠敬×「好きなことを仕事に」論争

「好きなことを仕事にしろ」と巷で叫ばれて久しい。どの業界にも楽しんで仕事をしている人はいるもので、その姿は眩《まばゆ》く輝いている。楽しそうにしている人より美しいものはない。仕事の時間以外もずっとその仕事のことを考え、それを基軸として生活している人の集中力は、恐ろしくも羨ましくもある。

ところで、この「好きなことを仕事に」論は風当たりも強い。かくいう私も、学生時代はそんなの綺麗事だと思っていた。実際、ただ純粋に好きだっただけなのに、そこに対価が発生するようになると、責任感や義務感に苛まれて嫌になってしまうリスクもある。それでも食い扶持を稼がなくてはならないし、夢も目標も簡単に叶うものじゃない。

とはいえ、好きでもないことを毎日こなして暮らすのもつらい。理想と現実に折り合いをつけて、やりたくないことを何となくやっているうちに、時間やお金をすり減らして、道に迷って、不完全燃焼に陥って、結局何がやりたかったのかさえ霞《かす》んでしまう。

働いて、収入を得て、税金を納める。この国で生きている以上、基本はこれだと思う。二十四時間のキャパは全員に等しく与えられてはいるけれど、好きなことを仕事にしている人はメディアの取材対象になって目立つだけで、実際はそうじゃない人のほうが世の中にはいっぱいいる。

好きなことを仕事にできたとしても、何かを失う覚悟や忍耐も求められる。思い通りに進まない場合もあるのに、言い訳も効かない。好きなことをやれている喜びは、引き換えとして我慢を覚える宿命にあるような気がする。

それでも、やっぱり好きなことはなるべくたくさんやったほうがいいと思う。好きなことと収入を得る方法との距離はかなり流動的で、すごく近い人もいれば遠い人もいるし、嫌々やっていたことでも割がよければ途中で好きになったり、逆に割が悪ければ鬱々としてしまう。つらい状況に出くわしたとき、どう対応して、どうしたら面白がれるのかを考えることさえできれば、我慢や苦労の中に妙な楽しみを見出したりもできそうだ。何事もまずは、やってみることから始めないと何も分からない。

だとしたら、好きなことを仕事にするかどうかは、そんなに気にしてもしょうがないのかもしれない。少なくとも餓死しなければ、自分の好きなことを尊重してもいいのではないだろうか。

伊能忠敬もまた、寝食を忘れて天体観測に熱中し、記憶力の低下さえも努力で乗り越えた。というよりも、「好き」の持ち主は、好きなことをするために必要な努力を〝努力〟と思わなくて済むのかもしれない。地位や名誉を一切合切捨て、十九歳年下に教えを乞う。常人が気にしそうなプライドなど彼にとってはどうでもよくて、新たに一から学ぶことが楽しかったのだろう。

世の中は矛盾に満ちている。矛盾だらけだからこそ、自分の「好き」という気持ちが心の支えになることもあるだろう。何を言っても怒る人はいるし、何をしても気に食わないと思う人はいる。それなら、人に迷惑をかけなければ好きなことをやっていいと思うし、別の誰かに好かれることにも価値があると思う。ちょっとくらい悪足掻きしないとやっていられない。そもそも、大凡《おおよそ》の人間ができる悪足掻きなんて限られているし、まぁやってみるかなーくらいに肩の力が抜けた反発心が、意外とちょうどいいのかもしれない。

……自らテーマを決めて書いている手前、今更こんなことを言うのは何ですが、この論争は根が深すぎて、二十三歳の若造には荷が重すぎました。そりゃあ賛否両論沸き起こるし、意見もぶつかるよなって。でも強いて言うなら、己の欲望に従って生きているときは楽しいし、遊び心や童心をまったく忘れていない人は素敵だと思います。伊能忠敬も、所ジョージさんも、似たようなユーモアの匂いがしませんか？　矛盾やめんどくさいものほど面白がれるような、エンターテインメント精神を持った大人になりたいものです。

第九回

日本一評価されていない偉人　塙保己一

今回のテーマは塙保己一《はなわほきいち》です。塙保己一（一七四六～一八二一年）といえば、以前番組内でカズレーザーさんが熱く推していた人物です。

教科書だと、たった数行、いや脚注で紹介されるぐらいですが、実は日本人の誰もが彼の恩恵を受け、さらに世界で有名な、ある人物の人生にも影響を与えているそうです。多くの偉人に影響を与えた塙保己一の魅力に迫ります。

今回の先生

河合敦さん（多摩大学客員教授）　高校の日本史教員経験を生かした分かりやすい解説が人気。監修書に『親子で学ぶ偉人物語④塙保己一』（公益財団法人モラロジー研究所編）など。塙保己一のイメージは「もっと評価されていい偉人」。

齊藤幸一さん（塙保己一史料館館長）　館長を務める史料館では、塙保己一が編纂《へんさん》した『群《ぐん》書類従《しょるいじゅう》』の版木を保管・一般公開している。

そもそも塙保己一って何者？

河合▼塙保己一は、一七四六年に武蔵の国の児玉郡《こだまぐん》（現在の埼玉県本庄市）で生まれました。**七歳のときに、残念ながら、両目の視力を病気で失います**。その後、十五歳のときに江戸に出て、目の不自由な方たちの団体で、一人で生活できるように訓練をする学校のようなところに通います。

山崎▼当時もそういう学校があったんですね。

河合▼あったんです。そんな職業学校の**雨富須賀一《あめとみすがいち》という方に弟子入り**をします。当時、目の見えない方は鍼《はり》とか、あんまとか、琵琶《びわ》とか、そういうことで生計を立てていたんですけど、保己一は**十六歳のときに学問の道に進もうと考えた**。

山崎▼でも目が見えないので、字を書くのも難しいですよね。当然、字を覚えることから始めなければならないし。

河合▼はい。そうです。それでも、自分は学者になりたいと考えたんです。

山崎▼かっこいい。

河合▼**三十四歳のときに、日本全国各地に散らばっている、古くてなくなってしまいそうな書物や記録を集めて、誰にでも読めるような全集、本を作ろうと考えます**。

山崎▼**『群書類従《ぐんしょるいじゅう》』**ですね。

河合▼そして本当に長い間、その編纂事業を続けて、**七十四歳のときに完成します**。その数なんと、全部で六百六十六冊。

山崎▼六百六十六冊!? じゃあまさに、**『群書類従』六百六十六冊の編纂にかけた人生**だったんですね。大まかな塙保己一に関する歴史をおさらいしたところで、塙保己一について、さらに深掘りしていきましょう。

第一章　塙保己一の成し遂げたことがすごい!

『群書類従』がなければ伝わらなかったことがたくさん

山崎▼まずは保己一が生涯をささげて編纂した『群書類従』について伺います。これはズバリどのような本ですか?

齊藤▼本は紙ですから、燃えてなくなってしまいます。戦があったり天災があったりすると、どんどん、どんどん貴重な文献が流されたり、なくなっている。そういうことに塙保己一は気が付いたんです。それで、**一点一点集めてなんとか残していこうと考えた**。これが『群書類従』です。

山崎▼今回、スタジオに現物を持ってきてくださっていますが……こんなに簡単に持ってきてしまっていいんですね!（笑）

齊藤▼はい、大丈夫ですよ。江戸時代から何十万冊も作られていますから。

山崎▼よかったぁ。見せていただいたのは巻三百九『竹取翁物語《たけとりのおきなのものがたり》』ですが、巻によって内容も異なるんですか？

齊藤▼そうなんです。**古代や中世の文献、歴史、文学、法律、医学、音楽など。二十五の分類に分かれていて、合わせて六百六十六冊になります**。

山崎▼では一冊ずつ別のジャンルというわけではないんですね。

齊藤▼そうなんです。

山崎▼私たちにも、なじみのある内容もありますか？

河合▼はい。本当にジャンルが広いんですけど、例えば、かぐや姫とか浦島太郎って知っていますよね。そういう、**おとぎ話**も入っています。

山崎▼えー！　そうなんだ！

河合▼あとは**有名な古典**、『土佐日記』とか、『伊勢物語』なども入っています。

山崎▼今の子どもも浦島太郎とか、かぐや姫とかの絵本を読んで育っていますよね。『群書類従』がなかったら、塙保己一がいなかったら、それもなかったかもしれないということですか？

河合▼はい。『群書類従』があるから現代まで伝えられているんです。

山崎▼なるほど。偉大だなぁ。

法律、学術書、さらには職業ガイドまで！

山崎▼『群書類従』には、どのようなものが主に収められているんですか？

齊藤▼専門的、学術的なものが優先して収められています。

山崎▼法律とかでしょうか。

齊藤▼はい。それ以外にも、民衆の立場に沿った文献も実は収められています。例えばこちらの巻五百三『七十一番職人歌合《しちじゅういちばんしょくにんうたあわせ》』。

山崎▼あれ？　さっきのものと結構、内容が違いますね。

齊藤▼これは、当時職業としてあったものを、絵と文章にしているんです。

山崎▼おお。弓作《ゆみつく》り、賽磨《さいすり》、炭焼き……。

齊藤▼さまざまな職業があるということが、見て分かるわけです。

山崎▼なるほど。今でいうと就活ガイドとか、『バイトル』みたいな（笑）。

河合▼これを見ながら、職業を選んでいた人もいたと思いますよ。

『群書類従』の量産を支えた版木

河合▼全部で六百六十六冊あって、一巻に幾つもの本の内容が入っているんですよね。となると、取り上げている書籍は千二百七十七冊でしたっけ？

齊藤▼そうですね。**約千三百種類の本が、六百六十六冊に収められている**。これが『群書類従』なんです。さて、多くの人に読んでもらうために、ある方法を採ったんですが、それは何だったと思いますか？

山崎▼何だろう……？　機械はないかもしれないけど。

河合▼結構いい線ですね。

山崎▼印刷やコピーの技術は、塙保己一ぐらいからちょうど出てきたんじゃないかなと思いますが……。正解を教えてください。

齊藤▼はい。実は、**版木《はんぎ》をつくって量産した**んです。板に文字を彫って、印刷にかけるということです。

山崎▼版木を見せていただくと、すごく細かいですね！　挿絵も、障子や屋根の質感まで、すごく繊細。これを彫刻刀で彫ったんですよね。

齊藤▼そうです。一度、紙に清書したものを裏返しして、版木に貼り付けまわりを彫っていくので、文字が浮かび上がっているんです。かなり手が込んでいる。

山崎▼……全部これをつくるんですよね。

河合▼そうですね（笑）。一万七千枚ぐらいでしたっけ？

齊藤▼はい。**一万七千二百四十四枚。裏表に彫ってあるので、三万四千ページ分**になります。

山崎▼しかも、これ全部残っているんですよね。すごすぎて信じられない（笑）。

第二章　塙保己一の記憶力がすごい！

とにかくすごい記憶力

山崎▼塙保己一は学者として、あることに突出していたそうです。河合先生、どんなことでしょう？

河合▼記憶力ですね。**一回聞いたことは全部覚えてしまう**んです。信じ難いですけど。

山崎▼やはり目が見えなかったということもあって、耳のほうに神経が集中できたから、ということも考えられるかもしれませんね。

河合▼あるかもしれないですね。あと、文字が分からないと、誰かに手のひらに書いてもらうんです。それで全て覚えてしまう。

山崎▼**手のひらの感覚で文字を覚えた**んですね。

齊藤▼保己一が開いた学問所の優秀な教え子たちに、文献を読んでもらう。そして、一発で覚えていきます。漢字、平仮名、片仮名、数字、日本の文献はもとより、朝鮮、中国の文献も読んでもらって覚えていく。つまりはバイリンガル。

山崎▼いや、バイリンガル以上のものですよね。すごいなぁ……。

目が見えないことはハンディではない

山崎▼保己一の手元には何冊ぐらい本があったんですか？

齊藤▼**六万冊ほどの本があった**と言われています。

山崎▼家に六万冊もあったんですか？

齊藤▼はい、図書館の一軒分ぐらいになります。

山崎▼床、抜けそうですね（笑）。その蔵書を全て暗記したんですよね、想像できない。

齊藤▼どのぐらいの記憶力があったか、エピソードをご紹介しましょう。現在の三重県の津に、「有造館」という藩士の教育のために津藩がつくった、有名な藩校がありました。そこには『資治通鑑《しじつがん》』という二百九十四巻からなる中国の歴史書があったんです。

山崎▼二百九十四巻！　膨大な量ですね。

齊藤▼しかし、これが本物なのか偽物なのかが分からなかった。なので、保己一に見てもらおうということになったんです。**有造館の学者が初めから終わりまで読み、終わったときに塙保己一は、「四つの間違いがある。ここと、ここ、ここ、ここ」というふうにして指摘した**んです。

山崎▼一度聞いただけで、二百九十四巻の中から四か所の間違いを指摘したんですね。でも、記憶を突出させることで、**目が見えないことをハンディにしない**ところが保己一のすごさでもあると思いました。

河合▼たしかに保己一は、目が見えないことをあまりハンディだと思っていなかったようです。ある夜、お弟子さんに『源氏物語』の講義をしていたのですが、ろうそくの火がふっと消えてしまったんです。何も見えなくなってお弟子さんたちが慌てていたとき、**保己一は「目明きというのは不自由なものだな」と言って笑った**と。

山崎▼もともと見えないですもんね。

河合▼はい。彼って、心に余裕があるというか、ユーモアを持っている人なんです。

山崎▼人として器が大きいといいますか。……今度から「塙保己一推し」って言おうかな。

齊藤▼お願いします。

河合▼ぜひ、推してもらって。

第三章　塙保己一の愛され力がすごい

人間的にもスペック高し！　愛されキャラ

山崎▼ここまで、塙保己一の学者としてのすごさをお伝えしてきました。ほかにも特筆すべき塙保己一の魅力はありますか？

河合▼保己一は、**人に愛される力が非常に強い。愛されキャラ**ですね。

山崎▼人間性もスペックが高いんですね。

河合▼そうなんです。真面目で一生懸命やる人だったので、みんな保己一を愛するんです。例えば、**江戸幕府の老中・松平定信《まつだいらさだのぶ》**。

山崎▼一七八七年から一七九三年に行われた「寛政《かんせい》の改革」を取り仕切った老中ですね。

河合▼彼も保己一と非常に親しくて。**普通だったら門外不出で見られないようなものを、特別に読み聴かせてもらったりしていた**そうです。

齊藤▼大名も旗本《はたもと》も商人も町人も、塙保己一に心底惚れていたんです。そういうキャラクターだったので、「お金がないんだったら俺が協力してやる」という人が跡を絶たなかった。

山崎▼**お金がないのも、私利私欲で遊んでいたからではなく、国のために、時代ごとの文化を残すために使っていたから**ですよね。それは協力してあげたくなりますね。

河合▼うん。**助けてあげたいという気持ちにさせる人**だったんじゃないですかね。

あのヘレン・ケラーにも影響を与えた

山崎▼塙保己一のおかげで、私たちは歴史や古典文学に触れられていると思いますが、そのほかには後世にどのような影響を与えているんですか？

齊藤▼そうですね。アメリカからヘレン・ケラーがやってきたときの話です。

山崎▼ヘレン・ケラー。視覚、聴覚の障害を持ちながら、障害者の教育や福祉の発展に尽力された方ですよね。

齊藤▼そのヘレン・ケラーが、「**私は小さい頃、母親から日本の塙保己一先生を目標にしなさい。そう言って育てられた**。先生の名前は、流れる水のように永遠に伝わることでしょう」、そう言ったそうです。

山崎▼ヘレン・ケラー自身も盲目でたくさん苦労してきた方ですから、同じような境遇の中で学問を究めて大きなことを成し遂げた人というのは、彼女にとってヒーローですよね。

河合▼そうですね。

山崎▼それから、**現代の福祉事業にも影響を与えている**んですね。

河合▼荻野《おぎの》吟子《ぎんこ》って、ご存じですかね。あまり知られてないんですが、日本で初めての女医さんなんです。

山崎▼近代日本における最初の女性開業医ということですね。

河合▼はい。彼女は若い頃に経験した嫌な医療体験から「医者になりたい」と一念発起して、男だけの医学校に入って卒業しました。いよいよ、開業届を出そうとしたところ、東京からも埼玉からも、女性の医師なんかいないから駄目だと言われて、許可が下りなかった。

山崎▼簡単には認めてもらえなかったんですね。

河合▼ところが、塙保己一が集めた本は数万冊と言われ、その中に『令義解《りょうのぎげ》』という本があり、そこに**昔は女医がいて、法律的にも認められているという記録があった**んです。

山崎▼おお！

河合▼それを見せたところ、OKが出て、**日本初の女医として活躍する**んです。もし彼女が道を切り開いてくれなければ、今のように女性がお医者さんとして活躍していなかったかもしれない。保己一は、**医療業界にも影響を与えています**。

山崎▼彼女にとっても恩人ですね。

こんなにすごいのに、有名ではないワケ

山崎▼こんなにさまざまな功績を残しているのに、現在、いまひとつ名前が知られていません。教科書では太字になっていませんし、もはや注釈で少し出てくるくらいです。なぜですか？

河合▼**コツコツとすごいことをやりましたが、ドラマチックではない**んですよね。だからどうしても、**ドラマとか映画には、なりにくい**。

齊藤▼さらに塙保己一は、日記や自伝を残すことができなかった。なので、**人物像を描きづらい**ことも理由の一つです。

河合▼影響力のある人がどんどん保己一のことを発信してくれれば、たぶん、すごい反響が

あると思うんです。

山崎▼たしかに、二十代前半の女の子が「塙保己一推しです」って言ったら、インパクトありますね。

河合▼ぜひ、これを一歩に。

齊藤▼どんどん、どんどん、伝えていってください。

山崎▼……じゃあ坂本龍馬から推し変しようかな（笑）。

column 塙保己一×「見えない」ということ

今回の本の中で、このコラムに一番時間がかかってしまった。まだまだ未熟な文章力で「見えない」ということをテーマに書いてもいいのか、そしてどう書くべきか。私には、塙保己一の生きてきた世界がどんなものか分からない。どんなに史料を読もうと、体験施設に行こうと、彼の気持ちにはなれない。ただ、完全には分からなくても理解したい。「自分の力ではどうしようもない事情がある人」は、世の中にたくさんいると思うからだ。

数か月考え、そもそも私は見えないものに救われた人間だし、物質的に見えているものを信じ切っていいなんて傲慢さは捨てたほうがいい、という結論に至った。視覚的には見えているけれど、物事の本質的な部分まで捉えられているかと問われると、全然そんなことないんじゃないかと。

歴史から読み解くと、目に見えないものを信じ、そのために生きてきた時代がある。例えば、宗教、占い、妖怪。疫病や飢饉のたびに宗教が盛んになり、河川の氾濫《はんらん》を「まるで鬼が怒っているようだ」と捉え、自然災害の多い地域に「鬼」という字を残した。

歴史だって同じだ。本来、真実はそのときに生きていた者のみぞ知る。後世の人々は、あのときはこうだったんじゃないか、あの人はこう考えていたんじゃないかと想像を膨らませ、良くも悪くも翻弄されてきた。

だが、「見えないけれど存在するもの」が救ってくれることもある。私にとって、ラジオはまさに「見えない救世主」だった。電波に乗るのは音のみで、情報量は限りなく少ない。しかし、話している人の仕草や表情を自由に想像し、楽しさが無限に広がっていく。

ラジオを聴くようになってから、眠れない夜、日が昇ってきてしまったことに落胆しなくなった。こんな時間までどこかで何かをしながら同じ放送を聴いている人が他にいるんだなあと、見えない繫がりを感じて寂しさが紛れた。見知らぬ人のたわいもないおしゃべりが心を解《ほぐ》し、時には背中を押してくれる。自分では手に取らなかった音楽に出会わせてくれる。くだらないと笑えるメールを送っている誰かのことを思い浮かべ、笑みが溢《こぼ》れてしまう。
そんな夜は、まもなくやってくる社会活動がしんどくなるのが分かっているのに、眠るのをどんどん先延ばしにしてしまうのだ。

ラジオ業界では、メールを出したことは一度もないけれど、ずっと聴き続けているリスナーのことを「リイレントリスナー」と呼ぶ。私もそのうちの一人だ。ラジオは生活のBGMで、これといった理由もなく当然のように鳴り続けている。たくさんの生活音の中で、一生懸命言葉を伝えようとしてくれる人の声は一際温かく、聴くだけで安心できる。沈黙のリスナーも、文面で会話をするリスナーも、等しく血の通った人間で、むしろ共通の愛を持った「似た者同士」だったりする。
最初はBGMのつもりだったのに、いつしか救いを求めるようにラジオを聴いていた。同じように悩んでいる誰かがいるんだ、自分に寄り添ってくれる誰かがいるんだ。月並みだが、心からそう思えた。共通言語を持った仲間が遠くのどこかにいることを、見えない電波が知らせてくれた。目に見えないからこそ、心は繋がるのだ。

子どもの頃は目に見えないものも信じていたのに、大人になるにつれて目に見えるものばかりを信じるようになってしまった。当たり前のように見えないものを感じ取り、見えないからこそ思いのままに想像を膨らませて楽しんでいた、あの頃の自由な想像力はいつの間に失ったんだろう。心霊現象も、友情も、病も、見えないからといって存在自体が無いとは限らないように、「証拠がない」は無いことの証明ではないのに。
そう思うと、ラジオは童心を取り戻させてくれているのかもしれない。虚像や空想に懐疑的になりすぎてしまった大人へ「目に見えるものが全てとは限らない」と教えてくれるのは、ラジオなのかもしれない。

全ての物事や人は多面体だ。見えているつもりでも、一部しか見えていない。何かを認識するとき、私たちは無意識のうちに自分にとって都合のいい解釈をしている。見えるものにも「見えない部分」は存在すると気付き始めると、恐怖や嫌悪感を抱き、裏切られたような気さえする。

幼少期に視覚を失った塙保己一には、見えないものを信じる「心の目」が宿っていたように思う。見えるか否かといった表層的な問題ではなく、どこで見たとか、何を見たとかということでもなく、「どのように受け取って、何を感じたか」によって、人生の豊かさが決まっていくのだと気付かされる。

自己解釈のフィルターを完全に外すのは難しいし、思い描いていた現実と違って見えてしまうのは、時に苦しいかもしれない。それでも、その無意識の脚色を自覚することが、心の目を持つことへの第一歩だと思っている。

見えなかった部分が見えたとき、これまで信じてきたものがどんなに覆っても、惑わされない心の目だけはしっかりと持ち続けたい。

第十回

安政の大獄　井伊直弼って良い人？　悪い人？

今回のテーマは、安政の大獄です。一八五八～一八五九年、江戸幕府の大老、井伊直弼（一八一五～一八六〇年）が中心となって、開国に反対するものたちを弾圧した事件です。直弼は自分の思い通りの政治を実行するために、罪のない人々までも捕らえて、死罪を含む厳しい処罰を与えました。安政の大獄さえなければ、もしかしたら吉田松陰も生きながらえて、明治維新の主役となったかもしれません。しかし、最近の研究では、これまでの通説は違うかもしれないという考えも出てきているんだとか……。新説も含めて、掘り下げていきましょう。

今回の先生

母利《もり》美和《よしかず》さん（京都女子大学文学部史学科教授）　井伊直弼をはじめとする彦根藩研究の第一人者。著書に『井伊直弼』（吉川弘文館）など。

一坂太郎さん（萩博物館特別学芸員）　幕末維新史研究家。山口県にて研究を行っている。

『吉田松陰とその家族』『吉田松陰190歳』『坂本龍馬と高杉晋作』など著書多数。

第一章　ホントに「安政の大獄」は悪政なの？

■安政の大獄＝井伊直弼の弾圧、ではない!?

山崎▼安政の大獄は、井伊直弼が自分の政策に反対する勢力を弾圧するための取り組みだったんですか？

母利▼政策に反対するものを弾圧したわけではありません。では、なぜ起こったと思いますか？

山崎▼よく言われているきっかけは、**一八五八年に江戸幕府と米国との間で結ばれた日米修好通商条約**ですよね。自由貿易、各地の開港、外国人居留地の設置などを制定することの条約を、**井伊直弼が率先して結ぼうとしたことに対して、朝廷が反発したことがきっかけ……**と、教科書では読みました。

母利▼そうです。外国人が居留地を設けて交易を行うと、日本人と接触する機会が多くなりますよね。これについて、朝廷側から大きな反対意見がありました。

山崎▼なるほど……。

母利▼しかし**江戸幕府は、国際情勢から考えて、条約調印はやむを得ないと考えていました。**ところが、大名の中には反対しているものもいる。つまり朝廷側の大名です。そこで、天皇の許可――つまり「勅許」をもらっておいたほうがいいと思ったわけです。

山崎▼体裁として、そのほうが示しがつくということですね。

母利▼はい。反対している大名も、朝廷がOKを出せば仕方ないと理解するだろうと。特に「尊皇（＝天皇を尊ぶ考え方）」と、「攘夷（＝外国を追い払おうという思想）」が結びついた「尊王攘夷論」が広がっていましたから。それで、当時、幕閣（老中）のトップであった堀田正睦《まさよし》は京都に勅許をもらいに行きました。でも、**勅許をもらえなかったん**です。

山崎▼その時代の天皇が、**外国人嫌いの孝明天皇（在位一八四六〜一八六七年）だったから**ですか？

母利▼はい。ただ、当時は、アヘン戦争で勝利したイギリスやフランスが、いつ日本に攻めてくるか分からないという状況でした。このままでは日本が危ういので、**堀田の勅許失敗のあと大老に就任した井伊直弼が「勅許なしでも調印せざるを得ない」と、幕府の総意で調印してしまう**のです。そういう流れなので、**井伊直弼が独断でやったわけではありません。**

山崎▼アヘン戦争は一八四〇～一八四二年、アヘン密貿易をめぐって行われたイギリスの中国に対する侵略戦争ですよね。たしかにその状況だと、調印せざるを得ないかも……。

一坂▼井伊直弼に天皇に逆らう意思があったかというと、実はそうではなく、**非常に皇室を大事にしていた大名**なんです。例えば御所が火事になって、孝明天皇の持っていた本が焼けてしまったと聞きつけたときには、その本を探してプレゼントしたんですよ。

山崎▼熱心ですね。

一坂▼井伊が大老になったとき、孝明天皇は喜んだんです。でも、その井伊が結果的には孝明天皇の意思に逆らうことをやってしまう。でも**井伊は、勅許はもういらないというムードの幕府の中で、調印には勅許が必要だと最後まで主張していた**んです。

幕府を通り越して水戸藩に下りた密勅

母利▼「条約調印を撤回しろ」というような「密勅（＝天皇から幕府への秘密の命令）」が、朝廷側から幕府に出されました。そのとき、幕府だけではなくて、水戸藩にも出ています。しかも、先に出たのは水戸藩のほうなんです。

山崎▼幕府にしか下りないはずの「密勅」が、水戸藩にも下りていたと。

母利▼これがものすごく大きな問題でした。本来、幕府だけに密勅が出ていれば問題なかったんです。

山崎▼その行き違いがあったからこそ、トラブルが生まれたんですね。なぜ水戸藩に伝わったんですか？

母利▼水戸藩には**幕府の対外政策に反抗する尊王攘夷の動きがあり、裏工作をしようとしていました**。だから、**水戸はもしかしたら朝廷側に協力してくれるかもしれない**、という期待で、水戸にも密勅が出ました。でも、水戸家は将軍の臣下です。一応親戚筋とはいえ、家来です。

山崎▼それを乗り越えるのは、裏切り行為になりますよね。

一坂▼はい。幕府としては、自分たちの頭上を通り越して水戸藩に密勅が行って、プライドがズタズタになったんですよね。江戸時代を通じて、一大名に天皇から直接命令が下るなんてことは、ないですから。

安政の大獄＝幕府に逆らう勢力を見つけるための調査

母利▼当時幕府は、なぜこんな事態になったのかを突き止める必要がありました。それで、**「水戸藩の陰謀」説と、「幕府に反対する朝廷内勢力がいる」説**を立てます。

山崎▼なるほど。

母利▼「幕府に政治委任するのではなく、朝廷が政治をリードするべきだ」と考え、**朝廷復権を狙おう**としている勢力がいる。ここと、陰謀をはたらいている水戸が繋がって、密勅が出た――と幕府は考えます。

山崎▼幕府側は、**常陸《ひたち》水戸藩第九代藩主の徳川斉昭**が関与したという証拠を見つけたいのと、朝廷側の首謀者が誰なのかを確定したいですよね。

母利▼はい。そのためには京都周辺で活動している尊王攘夷の思想家たちを捕まえて、芋づる式に調べていけば、必ず水戸の徳川斉昭、あるいは朝廷内部の重要人物に繋がるだろうと考えて、調べ始めるんです。でも、なかなか確たる証拠が見つかりませんでした。

山崎▼その芋づる式で調査していった過程が「安政の大獄」なんですか？

母利▼そうです。**幕府に逆らう首謀者を見つけるための調査が「安政の大獄」**でした。

山崎▼井伊直弼は、徳川幕府の権力構造そのものを守っていくために、それに反する行為を行った者たちを処罰せざるを得ないと考えたんですね。

■実は処刑者はあまり多くない、安政の大獄

山崎▼安政の大獄では、多くの文化人や、国の未来を熱心に考えていた人物たちが死刑になってしまった……という印象が強いのですが、私としては、井伊直弼はかなり賢い人物だと思うので、殺さなくても何かしら手だてはあったのではないかと考えてしまいます。

一坂▼実は、**そんなに処刑されてはいない**ですよね。

母利▼捕らえられたのは百人ほどです。自害した人もいるし、病気で亡くなった人もいるので、**実際に処刑されたのは、わずか数人**です。

山崎▼でも、自害まで追い込んだんですよね……。

母利▼まあ、そうですね。

山崎▼もっと他の手だてはあったように思うし、そうすれば、現代に伝わる「安政の大獄」のイメージも違ったのではないかと思いました。

第二章　ホントは「井伊直弼」ってイイやつ？

理路整然とした切れ者だった

山崎▼井伊直弼は、悪い印象が先行している人物だと思います。なぜそうなってしまったのでしょうか？

母利▼史料を読み解くと、ものすごく理路整然とした人物なんです。老中で評議をやる場でも論理的に説明して、老中たちから一目置かれるようになる。それで彼は、幕府の中でリードできるようになりました。

一坂▼でも、日本人は論理的な人物が嫌いですよね。やはり情緒的な、感情的な人が小説にもなりやすいし、ドラマにもなりやすい。

山崎▼なるほど（笑）。会議などでずっと冷静沈着に詰められたら、ちょっとカチンとくるかもしれません。でもそういう人物だったからこそ、その時代の情勢を的確に判断できたのでしょうね。

人相が良くなかった

一坂▼もう一つ、直弼は人相が良くなかったんです。若い頃、よその大名家に養子に行こうとして面接に行っても、あいつは顔が悪い、恐ろしい顔をしているということで落ちてしまったらしいんです。

母利▼たしかそのとき、弟のほうが受かるんですよね。

一坂▼そうそう。

母利▼弟はまだ十代で若かったけれど、井伊直弼は二十歳を超えて薹《とう》が立っていた上に、理屈っぽいでしょ。こういうやつを新しく殿様の養子に迎えたら、家来はやりにくい。だから嫌われたんです。

山崎▼まあたしかに、やりにくいですね……（笑）。

一坂▼弟は若殿様なので、江戸の町でかごを連ねて行列していく。井伊直弼はまだ一介の書生ですから、どこかの屋敷の門に隠れて、弟のかごが通り過ぎるのを待たなければならない。そんな悲しいエピソードを何かで読んだことがあります。

山崎▼頭のいい人が嫌われがちなのは、どの世の中にもありますよね。

江戸幕府が悪者に仕立て上げた

一坂▼明治維新以降、薩長政府が井伊直弼を悪者にしたとよく言われますが、実は**江戸幕府自体も井伊直弼を悪者にした**と僕は考えています。

山崎▼え！　なんでですか。

一坂▼井伊直弼が死んだあと、朝廷の政治的発言力がどんどん大きくなっていきます。天皇の強い攘夷の意思に、幕府が逆らえなくなってくるんです。それで、幕府が体制を変えなければならなくなったときに、「あれは井伊がやったんだ」と、井伊直弼に責任を転嫁する。実際、文久二年（一八六二年）に彦根藩を十万石削除するんですよ。

山崎▼井伊直弼が第十三代彦根藩主だったからですか？

一坂▼はい、井伊直弼の責任であったことを強調するためです。井伊直弼が勝手に独断で余計なことをしたから、幕府もこんなに苦労した。だから彦根藩を処罰しますと。**井伊直弼をスケープゴートにしたん**です。これが、現在の井伊直弼の悪いイメージを決定付けたと思います。

山崎▼全てが井伊直弼のせいではなくても、落としどころをつけるために、すでに亡くなっていた井伊直弼を悪者として仕立てたんですね。もう亡くなっているのに、かわいそう。

民を慈しむ素晴らしい大名だった

山崎▼井伊直弼の人柄を一言で表すと、どういう人物になりますか？

母利▼将軍家や江戸幕府を中心とした社会の秩序を守る、という信念を貫いた人だと思います。

一坂▼僕もそうですね。堅物ですよね。でも実は、彼は非常にドラマチックな人生を歩んでいるんです。生まれながらに殿様になれる可能性は非常に低かったけれど、次々と兄弟が亡くなったりして大役が降りかかってきて、彦根藩主になります。さらには大老という大役も降りかかってきた。

山崎▼プレッシャーだったでしょうね。

一坂▼でも、それが使命だと思ったのでしょう。武士としての信念を貫いたんだと思います。

母利▼今でも使われる言葉で、「一期《いちご》一会《いちえ》」という言葉がありますよね。どんな意味かご存じですか？

山崎▼人との出会いを大切にするという意味です。

母利▼ **四字熟語の「一期一会」をつくったのは井伊直弼**なんですよ。井伊直弼は、藩主になってから九回、国元に帰るたびに、くまなく全ての村を見に行ったんです。

山崎▼ 国元の人々のことを大切に思っていたんですね。

母利▼ そのことを吉田松陰も知っていたそうです。

一坂▼ そうそう。〝帰るたびに迎えてくれる彦根の民の誠に応えなければいけない〟という意味の歌を、直弼が詠んだ。それを吉田松陰が知って、「こんな素晴らしい人が彦根の殿様になったらしい」ということを、自分のお兄さんに手紙で書いています。だから、**松陰は井伊直弼ファンだったん**ですよ。

山崎▼ ほう。……ファンまでいきますか？（笑）

一坂▼ あの手紙を見ると、ファンですね。慈愛を民に向ける殿様は、松陰の理想の殿様像なんですよ。

山崎▼ でも、**尊敬していた人に、のちのち殺されてしまう**なんて……。

一坂▼ 運命ですね。

第三章　ほんとは死なずに済んだ吉田松陰

吉田松陰は、重要人物ではなかった!?

一坂▼吉田松陰は、安政の大獄の本筋ではありません。吉田松陰は、アメリカ密航に失敗して、萩《はぎ》で謹慎の身のまま、松下村塾を主宰していたような人ですから。**幕府や朝廷に関する大きな政治に関わろうと思っても、関われる立場ではない**わけです。

山崎▼なるほど。

一坂▼儒学者の梅田雲浜《うんぴん》を捕まえたことが、そもそものきっかけです。

山崎▼朝廷の中で有力者と繋がりを持っていて、尊王攘夷を唱えて幕府批判を繰り返していた、行動力のある方ですよね。

一坂▼いろいろと調べると、「吉田松陰というやつと、かつて付き合いがあったらしい」と分かった。そこで、梅田雲浜を調べるための参考人として、松陰を一度呼んで、話を聞いてみようと。ところが、松陰は全く別のことを考えていました。

山崎▼何を考えていたのでしょう？

一坂▼松陰は、**老中の間部詮勝《まなべあきかつ》の暗殺計画を、松下村塾の門下生たちと立てていて、それが発覚したと思った**。しかし、江戸の評定所《ひょうじょうしょ》で取り調べを受けたら、梅田雲浜に関するもので、すぐ嫌疑は晴れてしまいます。実際特に悪いこともしていませんから。

山崎▼ですよね。……え、帰れるじゃないですか。

一坂▼ところが黙っていればいいものを、松陰は**「私は死罪に値する罪を犯しています」と**

山崎▼**突然言い出します**。話を聞いてみると、老中を襲撃しようとしていたと言うので、これは危険人物が引っかかったぞという話になります。

一坂▼自分から殺されに行っているようなもんじゃないですか。おっかない。

山崎▼ええ。吉田松陰は江戸に行くために萩を出発するときに、「**至誠をもって動かざる人はいない**から、それを実験してくる」と言ったそうです。つまり、誠の心、真心を込めて説明すれば、動かない人間はいないとずっと信じているんです。自分が真心を込めて説けば、奉行たちの気持ちが変わるんじゃないかという期待もあったのかもしれません。

母利▼**正義感が強いというか、もはや自分が正義だと思っています**からね。

松陰の人物像もシンボルとしてつくられた

山崎▼エピソードを聞くと、**吉田松陰って正直すぎ**ませんか？（笑）

一坂▼普通の人には理解できないんですよ。

母利▼**かなり過激な行動をするんで、弟子たちもみんな困っていました**。

山崎▼ラジカルな人間であるからこそ、常人には分かりにくいクレイジーさがありますよね。私を含めて、吉田松陰のことが好きだという人も多いですが、その人物像はどうつくられていったのですか？

一坂▼松陰が死んだあと、皇室を立てて外敵を打ち払うという**「尊王攘夷運動」を進めるためのシンボル**として、吉田松陰をまつり上げたという面が強いです。先ほどの井伊直弼の場合もそうですが、**死後に都合の良いようにシンボルにされてしまいました。**

山崎▼悪人のシンボルとなってしまったのが井伊直弼。一方で**善人のシンボルとなってしまったのが吉田松陰**だった。世の中で先行しているイメージを受けると、やっぱりもどかしいですね。

column

安政の大獄×言葉

頭の中に住んでいる小さな郵便屋さんは、今日も忙しなく言葉を運んでいる。二〇二〇年十月から始まった生放送のラジオは一人で瞬時に言葉を発していくものなので、ぽっと湧き立った感情が声にならないと異常にもどかしくなる。これは私の中で「思う」と「言う」が離れているからだ。その距離が日々遠のいていく気がして、シャトルランのように全速力で必死に往復している。

井伊直弼は、もともと器用なタイプではないと思う。決断力はあるけれど、言葉にできなかった思いをたくさん抱えていたような気がする。全員を幸せにできる道がない中で、それでも前に進めるために、決断という単語の字の如くいろんなものを断ち切ってきた。誰かの幸せだけではない、自らの虚栄心や、「思う」と「言う」をも断ち切ってしまったのではないだろうか。

「思う」と「言う」の距離が遠い人は、一番伝えたかったことに限って言葉が足りていない。その誤解を恐れて言葉を尽くすと、逆に輪郭がぼやけて話の軸が弱くなる。一つの真実を説明する言葉が何百通りもあるせいだろうか。いつしか、同じ言語を使っている者同士でも、通じない人との会話はアラビア語よりも通じなくなったような気さえする。

「察してよ」「言ってくれなきゃ分かんないよ」の論争を目にすると、相手を信じる度合いが違うんだろうな、と思う。伝わると信じていないと本音なんて言えないし、「言わない」という選択肢は、その場は収まっても本質的な解決にはならない。それどころか、不信感を遠回しに伝えるようなところもある。

とはいえ、〝何でも言い合える仲〟であっても、酷いことまで言い合うのは決して良くない。言葉はワレモノなので、扱いを誤るとたちまち鋭利な刃物になる。SNS上で言葉をカジュアルに交わすようになってから軽視されているきらいもあるが、その殺傷力を甘く見ないほうがいい。他人を傷付け、人生を狂わせ、ときには息の根を止める。それを知らないと無意識に人を傷付けるし、粗雑に使い続ければ、いつしか自分自身の品格も削ぎ落とす。

言葉はドリップコーヒーのように、頭や心の中を濾過して残ったものだ。借りてきた言葉しか言わない人はだいたい中身がすっからかんだし、言葉を交わしたときに空しい音がする。実際、本当に悩んだときに思考の補助線となったのは、かつて本やラジオから授かった言葉やその経験だった。〝話すこと〟を仕事にしているからには、学んで遊んで読んで聴いて話して書き留めて、内側をひたひたにしたい。

不器用ゆえに何事も習得するまでに時間がかかってしまうが、すぐにコツを摑めないからこそ、身の丈に合った言葉を地道に集め続けることには、向いているのかもしれない。

生きていると言葉なんかじゃ救われないことばかりだし、言葉での説得よりも心での納得のほうが大事だ。弱くて若い自分の内側からしみ出たものに自信は持てないし、こうして言葉を尽くすことしかできない。だが、本もラジオも言葉だけが唯一使える道具だからこそ、伝えることを諦めたくはない。

受け取ってくれた人のもとで芽が出て、それぞれの花が咲くように。時間差で価値が出るような何かを、生み出し続けられますように。

第十一回

徳川十五代選抜発表

徳川十五代とは、江戸幕府の歴代征夷大将軍を務めた十五人のこと。家康《いえやす》に始まり、大奥をつくった三代目の家光《いえみつ》、五代目の犬公方《いぬくぼう》・綱吉《つなよし》、八代目の吉宗《よしむね》など有名どころが揃っております。ちなみに今回、私のことは「山崎怜奈プロデューサー」、いや「ザキP」と呼んでください。徳川十五代それぞれの個性を徹底的に深掘りし、魅力、キャラクターを分析したあと、最終的にはわたくし「ザキP」が、アイドルグループ「江戸坂15」をつくります(笑)。

今回の先生

堀口茉純《ますみ》さん(歴史タレント) 通称「ほーりー」。徳川十五代に関しては、誰というよりは箱推し。あえて言うなら、十四代家茂《いえもち》。著書に『TOKUGAWA 15 徳川将軍15人の歴史がDEEPにわかる本』(草思社)などがある。

河合敦さん(多摩大学客員教授) 一番好きな徳川将軍は二代目の秀忠《ひでただ》。著書に『禁断の江戸史』(扶桑社新書)などがある。

第一章　徳川のセンターは君だ！

江戸坂15ビジュアルエース候補　徳川十五代随一のイケメン

山崎▼さっそく、先生方から話をお聞きして、十五人の将軍たちの、アイドルとしての適性検査をします。そして、最終的に配置を決めていこうと思っております。まずはイケメンから行きましょう。アイドルはビジュアルが大事とも言われますよね。ほーりーさん、この中でイケメンとされている方はいますか？

堀口▼この中だとダントツ十五代の徳川慶喜《よしのぶ》ですね。

山崎▼**ビジュアルエース候補は十五代目の慶喜**ですね。慶喜は、享年七十七、在任期間一年。一八六七年に、「大政奉還」で政権返還を天皇に奏上。「王政復古の大号令」で将軍を辞退し、江戸幕府も終焉――。という、徳川最後の将軍です。慶喜は写真も残っていますよね。

堀口▼そうなんですよ。歴代将軍で唯一写真が残っています。しかも、彼自身、イケメンだっていう自覚があったんでしょうね……、めちゃくちゃ正面から撮った写真が多いんです。昔の人の写真って、ちょっと斜に構えてたりとか、遠目に撮った写真が一、二枚残っている感じなのに。

山崎▼坂本龍馬の写真も全身ですもんね。

堀口▼そうですよね。ビジュアルを重視するなら、私は慶喜さんを推します。現代にも通用する顔の良さなんですよね。

山崎▼河合先生はいかがでしょうか。

河合▼やっぱり僕も慶喜ですかね。とにかく彼は顔がきりっとしていいと思いますね。綱吉もなかなかいいかな、可愛いかなとも思いますが、やはり慶喜は目が大きくてね。

山崎▼十五代将軍慶喜、とにかく顔がいい！　一列目ですね。……でも、「とにかく」顔がいいって、褒めているんだかなんなんだか分かんないですね（笑）。

江戸坂15キャプテン候補
改革の功績&高身長でスタイル抜群

山崎▼さて、リーダーシップがある方も、必要だと思います。乃木坂46は現在、秋元真夏さんがグループのキャプテンです。徳川家だと、どなたがリーダーシップあると思います？

河合▼そうですね、僕的にはやっぱり八代将軍吉宗。

山崎▼**キャプテン候補は八代目の吉宗**ですね。享年六十八、在職期間二十九年。一七一六年に「享保《きょうほう》の改革」（年貢を増やし米価を調整するなどして、幕府財政の再建を目指した改革）を開始。一七二一年に「目安箱」を設置。一七三二年には、「享保の大飢饉」が発生しています。

河合▼吉宗は、三十年間にわたって、享保の改革を自らやりました。

山崎▼ルックスでいうと、しっかりとした鷲鼻ですよね。

河合▼そうですね。耳も大きくて、一説では背も高かったそうです。リーダーとしていいんじゃないでしょうか。大きいっていうのは、動物の世界じゃボスの条件ですし。

山崎▼八代将軍吉宗は、一説には百八十五センチあったと言われていますよね。ちなみに、背が高い人は三列目の両端に置かれがちです！

堀口▼そうなの⁉　へぇ～。

山崎▼乃木坂46だとそうなんです。両端に背の高い人がいると、バランスが良くて見栄えもするんですよね。リーダーは端にいたほうが俯瞰《ふかん》で全体が見えるし、ちょうどいいのかなって気がします。

江戸坂15キャプテン候補
適材適所を人事采配＆クリーンな政治

山崎▼ほーりーさんは、リーダーシップといえばどなただと思いますか？

堀口▼やっぱりリーダーは、全体を見る視野、一人一人に対する公平な目線、グループに対する思いやりが大事かなと。そういう意味だと、私は六代将軍の家宣《いえのぶ》とか。

山崎▼家宣！　**キャプテン候補は六代目の家宣**ですか！　享年五十一、在職期間三年。一七〇九年、「生類憐みの令」廃止。

堀口▼家宣は、人事に対してめちゃくちゃバランス取れてて、公平感があると思ってまして。

山崎▼家宣って他と比べて存在感が薄い気がするのですが、何をした方なんですか？

堀口▼残念ながら、三年間しか将軍じゃなかったので、彼自身が何をしたっていうのがないんです。インフルエンザで突然亡くなっちゃうんですよ。

山崎▼インフルエンザ！

堀口▼結果が出る前に亡くなってしまいましたが、〝人事〟の面では、将軍になる前から、新しい人材を取り立てていました。例えば学者の新井白石《あらいはくせき》。もともと一介の旗本だった白石を登用して、白石はのちに儒学思想を根本とした「正徳の治《しょうとくのち》」という素晴らしい政策を行ったんですよ。

山崎▼白石が、家宣を支えていたんですね。

堀口▼あと、白石とめちゃくちゃ仲の悪かった人がいたんです。経済を担当した荻原重秀《おぎわらしげひで》。元禄時代に貨幣改鋳《かへいかいちゅう》して、どんどんお金を増やして、元禄バブルを持たせた人ですけれど。

山崎▼貨幣改鋳を行い、一時的に幕府の財政難を救ったわけですね。

堀口▼家宣は白石と仲がよかったのに、白石がけちょんけちょんに批判した荻原重秀のことも使い続けるんです。白石は学者として重用すべきだ。一方で荻原重秀は経済において抜群の能力を持っていると。**能力的なものを正しく公平に評価できる**ので、家宣を推します。

河合▼家宣は、賄賂《わいろ》も一切受け取らなかったというし、そういう点ではふさわしいと思いますよ。

フォーメーション決めで、身長は重要事項　byザキP

山崎▼リーダーどっちにしよう……。悩みますが……吉宗は周りが見えているバランサーなので、リーダーにしましょう！　リーダーは三列目の端。と言いつつ、二列目真ん中もいいですね、でも身長高いんですよね？

河合▼そういう説もあります。将軍って、死後硬直が始まる前に身長を測ったらしくて。愛知県岡崎市の大樹寺《だいじゅじ》に安置されている歴代将軍の位牌《いはい》の高さが、死亡時の身長と同じという説があるんです。実際は分からないですが、それを見る限りはそれほどでも……。

山崎▼相対的に見ると、高いというのは間違いなさそうですね。じゃあ端に！　他にも身長が高いとされている将軍はいますか？　左右対称に置きたいんですよ。

堀口▼家宣が百六十センチぐらい。

河合▼慶喜も小さいですね。綱吉は百二十四センチだったので小さい。

山崎▼何でそこまで知っているんですか!?

江戸坂15おしゃれ番長候補
花火にいち早く着目した最先端を行く男

山崎▼続いて、おしゃれだった人はいますか？　トレンドを押さえている人。

堀口▼となると、私は初代の家康くん。

山崎▼なるほど。**おしゃれ番長候補は、初代の徳川家康**でしょうか。享年七十五、在職期間二年。一六〇三年、征夷大将軍に任じられ江戸幕府を開く。五街道の起点となる、日本橋を架橋する。……新しいもの好きで有名ですよね。

堀口▼はい。当時最先端だった眼鏡をずっと愛用してたという話もありますし、花火を日本で最初に見たという記録もありますし。正確には、伊達政宗のほうが家康よりも記録としては早いんですけど、政宗は手持ち花火だったんじゃないかって言われています。家康だったら「新しい演出」みたいなものも入れてきそうだなと。

山崎▼やっぱり「打ち上げ花火」であるかどうかは大事ですよね！　乃木坂46が明治神宮野球場で行うライブでは、花火を打ち上げる演出もありますから。

堀口▼下からドン！　ってやるやつ。

山崎▼それぞれ！　大事！　特効（特殊効果。ライブなどで花火やバズーカなど視覚効果をつくる仕事）ですね！　彼がいればライブも派手になる、と。実際にメンバーが自ら特効の演出をすることはないですけどね（笑）。

江戸坂15おしゃれ番長候補 メイク大好きジェンダーレス男子

山崎▼楽器に長けていた方はいますか？

堀口▼家宣が能をやりますね。家宣、家継《いえつぐ》……。家継！　楽器やります！

山崎▼**楽器担当候補は、七代目の家継**ですね。享年八、在職期間三年。一七一四年、絵島・生島事件。一七一五年、長崎貿易を制限。……ということですが、家継、楽器は何をやるんですか？

堀口▼鼓《つづみ》です！

山崎▼鼓かぁ〜！　音程じゃなくてリズムか〜！（笑）三味線とか、弦楽器をやられる方はいないですか？

堀口▼将軍は、あまり三味線はやらないですね。能は謡《うたい》だから、みんなできるんですが。

山崎▼ライブ演出班できてきましたね。特効、家康。音響、家継。一つのグループで特効と音響ができる！

堀口▼おしゃれっていう意味をどうとるかにもよると思うんですけど、もう一人だけ推薦してもいいですか？　三代将軍家光。

山崎▼**江戸坂15おしゃれ番長候補として、三代目の家光**ですか。享年四十八、在職期間二十八年。一六三五年、「武家諸法度《ぶけしょはっと》」改定。諸大名の参勤交代を制度化。一六三九年、ポルトガル船来航禁止、鎖国を完成！

堀口▼家光はとてもジェンダーレスで、男性のほうが好きだったということもありましたし、女装癖がありました。メイクとかもできますね。

山崎▼メイクできるんですか！

河合▼化粧して、家臣に怒られちゃったんですよ。もういいから！　って鏡割られちゃって。今だったらそれも個性として大切なのでいいんですけど、昔でしたから……。

江戸坂15ギャップ萌え候補
近年の研究で暴君から名君というイメージに変貌

山崎▼見た目とキャラにギャップがある人、いらっしゃいますか？

河合▼やっぱり五代将軍綱吉ですかね。

山崎▼**ギャップ萌え候補は、五代目の綱吉**。享年六十四、在職期間二十九年。一六八七年、

河合▼「生類憐《しょうるいあわれ》みの令」を制定（犬を殺して死刑・猫の死の責任を取らされ流罪《るざい》などの判例がある）。一七〇二年、赤穂事件（忠臣蔵）。

河合▼犬公方とも言われてた将軍ですね。「生類憐みの令」っていう変な法律を次々に出したイメージがありますが、最近の中学校の教科書では、「名君」っていうふうに変わってきていて。

山崎▼再評価されてますよね。

河合▼そうなんです。儒教を徹底的に日本に広めたということで、素晴らしいと。

江戸坂15ギャップ萌え候補
先代がいる間は大人しく自分の代になると本領を発揮

山崎▼ほかに推しどころはありますか？

河合▼僕は、秀忠ですね。本当に好きなんです。

山崎▼河合先生イチオシとして、**ギャップ萌え候補は、二代目の秀忠**。享年五十四、在職期間十八年。一六一四年、大坂冬の陣。一六一五年、大坂夏の陣。「武家諸法度」制定。一六一七年、遺言により亡き家康公を日光に移す。

河合▼関ヶ原の戦いに遅刻しちゃったってイメージがありますけれど、家康と全く同じことをして、「まさに家康のお子さんだって」言われて権威を回復した人です。家康が死んだ瞬間に、家康の家臣たちをどんどん切り捨てて、権力を手に入れた人なので、**アイドルの中で下剋上からさらに登ってくる人**と考えていいのではないでしょうか。

山崎▼なるほど。二代目将軍の秀忠は、父・家康の死後に頭角を現し、政治を行う。江戸幕府の地盤を固めた……と。グループを存続させるためには、まだとりあえず三列目の真ん中あたりにして、徐々に育てるのが一番いいですね。二代目ですし、次世代候補ですね。**二代将軍秀忠は次世代枠**。三列目中央、と。

江戸坂15みんなの弟候補
十代から激動の時代を乗り越えてきた頑張り屋。ただし死因は虫歯

堀口▼私だったらイチオシは家茂です！

山崎▼堀口先生イチオシのキャラは、**十四代目の家茂**ですね。享年二十一、在職期間八年。期間中の出来事としては、一八六〇年、桜田門外の変。一八六三年、薩英戦争。一八六四年、第一次長州戦争。一八六六年、第二次長州戦争。

堀口▼いわゆるセンターというか、**チームの中で真ん中に立つ方って、みんなを引っ張っていくタイプの方もいれば、「みんなが支えたくなるタイプ」の人もいる**じゃないですか。彼はどっちかというと、みんなが支えたくなる、守りたくなる、愛される。すごく頑張り屋さん。

山崎▼うわー！　そのキャラ、大事です！

堀口▼幕末の将軍っていうと、徳川慶喜公のイメージがどうしても強いですが、**慶喜公が将軍だったのはわずか一年**。しかし幕末がいちばん混沌としていた時期、家茂は十代から二十一歳までの多感な時期に、自分の青春を犠牲にして、徳川将軍というポジションで何ができるかを考えに考え抜いた。必死にその責務を果たそうとしたんです。

山崎▼短命だったのがちょっと残念ですね。

堀口▼死因が虫歯です。甘いものが好きすぎて、ストレスですね。幕末大変だから。

山崎▼虫歯かあ！（笑）ストレス耐性があまりなかったのだとしたら、プレッシャーを背負わせないほうがいいかも。

■ 江戸坂15一芸持ってるキャラ候補
将軍なのに料理をふるまっていた変わり者

山崎▼改めて華やかな人を増やしたいですね。芸を持っていた、あるいは、これぞ！　というキャラを持っていた将軍はいますか。

堀口▼十三代目の家定《いえさだ》はいかがでしょうか？

山崎▼篤姫の旦那さんですね。**一芸を持っているキャラ候補は、十三代目の家定**。享年三十五、在職期間五年。この時期の出来事としては、一八五四年、日米和親条約調印。一八五八年、日米修好通商条約調印、安政の大獄が始まる。

堀口▼ **家定は料理をご自身で作ります。趣味が料理だったので**。

山崎▼ 趣味が料理だったんですか？　モテそうですね。

堀口▼ 現代ならそうですが、当時は征夷大将軍が厨房に入るなんて大丈夫か⁉　と言われてしまい、あまり評価が高くなかったんです。家臣のために料理したそうですが。

山崎▼ 十三代将軍の家定は、料理を作って家臣に食べさせるのが趣味……と。

河合▼ 豆料理が得意だったみたいです。

山崎▼ ずいぶんジャンルを絞っていますね（笑）。

江戸坂15 一芸を持っているキャラ候補 自慢の声で家臣を魅了

堀口▼ 一芸キャラとしては、家慶《いえよし》も推したいですね。

山崎▼ **一芸を持っているキャラ候補の二人目は、十二代目の家慶**。享年六十一、在職期間十六年。この時期の出来事としては、一八三九年、蛮社《ばんしゃ》の獄《ごく》。一八四一年、天保の改革。一八五三年、ペリーが浦賀に来航。

堀口▼ 家慶はイケボ枠です。イケメンボイス！

山崎▼ イケボ枠！　声が良かったって、歴史に残っているんですか？

堀口▼家臣たちが、声を聴いたときにとても落ち着くいい声だったと。

山崎▼十二代目の家慶は、いい声だと家臣から評判だったんですね。では、『徳川ラジオ』はぜひ文化放送さんでやりたいです。声優さんの番組が多い局なので。ザキPとしては、要チェックです。

フォーメーションを決めよう

山崎▼特徴をつかんだところで、そろそろ私、ザキPが、グループのフォーメーションを決めたいと思います。やっぱり全体を見渡すまとめ役は三列目の端にということで、吉宗。六代目の家宣は高身長（百六十センチ）なので、バランスを取り三列目の端。続いて、次世代枠。三列目の真ん中は秀忠。あとあと化けると信じて、育てていきたいタイプの人ですね。続きまして家慶。ラジオをやってほしいのですが、三列目にするか二列目にするか……二列目で。続きまして、とにかく顔がいい慶喜は、一列目の真ん中（笑）。

堀口▼ちょっと前に出してほしい人がいるんです……家継なんですけど。子どもなんです。五歳で将軍になって八歳で亡くなっちゃったんで、後ろに行くとちっちゃくて見えなくなっちゃう。しかもすごくいい子なんですよ。

山崎▼一列目だとインタビューに答える機会も多くて心配なので、二列目の顔が見えるところにしましょう。

河合▼あるいは、吉宗あたりに抱っこしてもらうか。

堀口▼あぁ、いい！　可愛い！　母性本能をくすぐりますね（笑）。

山崎▼五代目の綱吉は二列目。そして、個人的に好きな家茂。努力家で温厚。守りたくなるタイプ。家茂の身長は？

堀口▼百五十六センチだから、そこまで小さくはないです。

山崎▼家継と身長のバランスが取れないので、もう少しちっちゃい人いませんか？

河合▼綱吉（推定百二十四センチ）です。

山崎▼じゃあ、ちっちゃい人で慶喜を挟みましょう。

河合▼家光と秀忠は、仲よくないので、間に九代目の家重を挟みましょう。

山崎▼家光の父、秀忠は、長男の家光より弟を贔屓《ひいき》にしていたため、家光は父が大嫌いだったんですよね。

河合▼秀忠が造った日光東照宮をほとんど撤去して、造り直すぐらいでした。自分のことを二代目将軍って言ってましたし。三代目なのに、父を飛ばして。

山崎▼めちゃめちゃ仲悪いじゃないですか。隣に置くのは絶対にやめましょう。家光はここがいいかもしれないですね。ちょうどお爺ちゃん（家康）の後ろだし。

……というわけで、山崎プロデュース、江戸坂15選抜、このようになりました！（左下図）

リーダーは八代目将軍徳川吉宗。センターはとにかく顔がいい十五代目将軍慶喜。そしてフロントは、ちびちゃんず。七代目家継と、五代目綱吉。動物に好かれるぐらいなので、誰にでも好かれそうです。握手会で人気になるかもしれないですしね。ふれあい大事ですから。最後に河合先生、今後このグループが成功するためには、どういう路線でいけばいいと思いますか？

河合▼やっぱり、東海道五十三次ぐらいで行けばいいんじゃないですかね。順番に宿場の歌を歌うっていう。

山崎▼東海道五十三次ツアー！（笑）いいですね！

三列目

吉宗　家定　家光　家重　秀忠　家綱　家治　家宣

二列目

家康　家茂　家慶　家斉

一列目

家継　慶喜　綱吉

column

徳川十五代総選挙×ザキP

タイトルからして既にヤバい匂いしかしませんが、この企画をつくった私、山崎怜奈は本気です。

まず、この番組の特徴として、山崎は基本的に歴史上の人物をあたかも「知り合い」かのように話を進めます。そして、目がマジです。

一年にわたって全五十回お送りした『歴史のじかん』の中で、この回が最も「絶対に真面目に見ちゃいけない回」でしょう。ふざけるときは本気でふざける。これが私のモットーです。

今回の企画は、もともとは「江戸幕府」という題材しか決まっていませんでした。ただ、ストレートな一族紹介番組を作っても、既存の教育番組には敵いません。そこで、「徳川将軍家」×「アイドル」という掛け算をしてみました。

徳川幕府二百六十年の歳月を一切無視して、各将軍の人間性だけに的を絞る。それぞれの特徴を掘り下げ、最終的にアイドルグループに見立て、フォーメーションを組む。「歴史番組」としては、少々イビツに感じるでしょう。でも、堅くなりすぎずに、切り口としてちょっと入りやすい感じがしませんでしたか？

例えば、最も「アイドル適性」が高そうな家茂。死因が「虫歯」なのは、ストレスじゃなくて自己責任じゃない？　なんて声も聞こえてきそうですが……もはや虫歯すら愛おしいです。好きです。

さて、番組本編で各メンバー（将軍）の個性も見えてきたところで、ザキPによる「江戸坂15」の「取扱説明書」をお届けします。変わり者が多いので、マネージャーさんはぜひ参考にしてください。

……山崎怜奈は、一周回ってバカなのかもしれません。愛が故に。真剣に乃木坂46のことを考えてくださっているスタッフの皆様に、謝ったほうがいいと思います。ごめんなさい。そして、偉い人がまかり間違ってこのページを開かないことを、切に願います。

【江戸坂15メンバー取扱説明書】

▼ライブについて

・真夏の「東海道五十三次ツアー」を開催します。
・アジア進出では、朱印船貿易のルートを参考にしましょう。（※鎖国制度は要相談）
・会場の出入口には「目安箱」を設置しましょう。
・家綱が描いた鳥の書画Tシャツをグッズとして販売しましょう。
・聖地巡礼は皇居と日光東照宮になると予想します。
・公式マークは三ツ葉葵。
・演出の一部をメンバーに任せましょう。家康に「特効」を学ばせてください。
・バンドコーナーはライブの一幕として幅が広がります。（鼓が得意な七代家継など）

▼個人仕事について

・綱吉は勉強熱心なので、クイズ番組で活躍するかもしれません。
・家光は画伯の気質があります（かなり味がある絵を描きます）。『アメトーーク！』の「絵心ない芸人」に出演させたあと、彼の書画でLINEスタンプを作りましょう。売れます。
・イケボ家慶の『徳川ラジオ』は、文化放送さんと早急に話を進めてください。
・家定はお菓子づくりを好むので、クックパッドでアカウントを持たせてみましょう。

▼そのほか個別対応

・現場のケータリングには、以下二名分の食事をマストで用意してください。
一．家康　…　天ぷら／麦飯（※ツアー先の鞠子宿では、絶品のとろろ汁が手に入ります！）
二．慶喜　…　豚肉の何か（※吉宗が見たら贅沢しすぎだとお怒りになると思います。くれぐれも見つからないように配慮しましょう）
・とにかく顔がいい慶喜はルックス第一なので、美容代がかかります。経費で落としましょう。
・家茂は歯科検診を月一回受けさせてください。

第十二回

ピンチをチャンスに変えた男　岩崎弥太郎

今回のテーマは、ピンチをチャンスに変えた男、岩崎弥太郎《いわさきやたろう》（一八三五〜一八八五年）です。商売を自分でゼロから始めて一代で成り上がり、現在も続く大企業、三菱《みつびし》財閥の礎を築いた、敏腕な人物として有名な「私の推しビジネスマン」です。Google とか Apple とかを創立したようなすごい方もたくさんいますが、私は岩崎弥太郎を推したい！

今回の先生

河合敦さん（多摩大学客員教授）　分かりやすい解説が人気でテレビでも活躍。著書に『岩崎弥太郎と三菱四代』（幻冬舎新書）など。岩崎弥太郎のイメージは根性があり、人間的にも素晴らしい人。

伊東潤さん（作家・小説家）　ビジネスマンを経て小説家に転身。吉川英治文学新人賞や山田風太郎賞など文学賞を多数受賞。大隈重信が主役で岩崎弥太郎も登場する小説『威風堂々』を佐賀新聞に連載した。『江戸を造った男』『もっこすの城　熊本築城始末』などビジネスの教訓を織り交ぜたお仕事小説も多数執筆。岩崎弥太郎のイメージは「ビジネスマンの鑑」。

第一章　コンプレックス

生まれながらの身分の低さがコンプレックス

山崎▼まず河合先生、岩崎弥太郎の生い立ちを教えてください。

河合▼岩崎弥太郎は土佐藩、今の高知県安芸市の井ノ口村というところに生まれます。お父さんは岩崎弥次郎という、地下浪人《じげろうにん》の出なんです。

山崎▼地下浪人というのは、当時の土佐藩の身分で言うと、かなり下と言っても過言ではないと聞きました。

河合▼そうですね。もともと岩崎家は武士だったけれど、その武士の権利を売ってしまって、そのまま村に土着して、農業をしていたんです。

山崎▼なんで武士の権利を売ってしまったんですか？

河合▼先祖が博打《ばくち》で財産をすってしまったようで……。

山崎▼売らざるを得なくなってしまった？

河合▼そうなんです。でも、**苗字帯刀は許されていました**。

山崎▼岩崎弥次郎はどのような父親だったんでしょうか？

河合▼あまりいいお父さんではありませんでした。頑固者で、お酒を飲むと平気で人の悪口を言ってしまう、村のトラブルメーカーでした。

山崎▼弥太郎は、身分の低さをコンプレックスとして抱えていたのでしょうか？

河合▼**普通は、生まれながらの身分を変えることはできないので、コンプレックスを持たないんですよ**。しょうがないという諦めの気持ちが強かったから。**だけど、岩崎弥太郎は不満だったんです**。彼は自分の家柄がすごいコンプレックスで、それを乗り越えたいっていうふうに考えた。そこが普通の人とは違うんです。

山崎▼それすら乗り越えるのが弥太郎だったと。

河合▼はい。そこが偉人になる所以《ゆえん》です。

コンプレックスをバネに勉学に励んだ

山崎▼どうやって乗り越えていったんですか？

河合▼まずは、**一生懸命勉強しました**。弥太郎は漢詩が得意で、最初は先生に褒められ、努力を続けると藩主にまでも褒められて、もしかしたら俺ってすごいんじゃないかって思い始めるんです。それをきっかけに、どんどん勉強し始めて優秀になっていきます。

山崎▼自分に自信を持つことは悪いことではないと、弥太郎が証明してくれている感じがあります。

河合▼そうですね。ただ字がめちゃくちゃ下手くそで、友達に「お前、下手くそな字だな」と言われたときに、「いや、字が下手でもいいんだ。俺は偉くなって、将来、字のうまいやつを雇って書かせるからいいんだ」と言ったそうです。すごいビッグマウスですよね。

伊東▼彼は**小さい頃から大言壮語でした**。日本には言霊《ことだま》という考え方がありますが、少年の頃から「自分が偉くなる」と言い続けたことが彼の将来に繋がったのかもしれません。

山崎▼コンプレックスを力に変えて勉学に励んでいた弥太郎ですが、商売で大成するんだという野心に満ちあふれていたんですか？

河合▼それが、商売は全然考えていなかったんです。

山崎▼え？

河合▼最初は学者に、次に政治家になりたかったんです。

伊東▼おそらく、高い志を持っていたとか、国家を変えたいというビジョンがあったわけではなく、彼本来の自己顕示欲の強さから、ただ偉くなりたかっただけだと思います。

山崎▼偉くなるために政治に関わりたかったと……。岩崎弥太郎は、出世欲にまっすぐで屈しないですよね。そこも私は好きです。

伊東▼秀吉に似ていますよね。秀吉もただ偉くなって人を見下したいから、懸命に頑張り、のし上がっていきました。考え方がすごく似ていると思います。

河合▼やはり大事なことは、**コンプレックスをバネにすること**なんです。

第二章　天国から地獄

江戸に留学、しかし投獄……

山崎▼岩崎弥太郎のその先の人生はどうなっていくのでしょう。

伊東▼大きな転機は、**江戸に留学できたこと**でしょうね。たまたま儒学者が江戸に行くことになり、その従者でいいから連れていってくれと頼み込んで、二十歳のときに江戸に行くことができました。これが彼の人生において相当の刺激になったと思います。

河合▼江戸に行くと、箔《はく》が付くんです。

山崎▼でも、すぐ土佐に戻ってきますよね。なんで戻ってきたんですか?

河合▼これは、お父さんがやらかしたから。

伊東▼地元で農業用の水の配分を巡って争いがあり、お父さんの弥次郎が酒の席を設けて仲裁したんです。

山崎▼お酒の席で争いごとを仲裁しようとしたんですね。

伊東▼はい。ところがその酒の席で、父の弥次郎が庄屋の悪口を言ってしまいます。それで庄屋とその仲間に袋叩きにされ、障害を負うほどの怪我を負ってしまうのです。それを聞いて帰国した弥太郎は怒り、庄屋を訴えました。

河合▼うちの父が、庄屋にリンチされた！　って。

山崎▼結果的にどうなったんですか。

河合▼負けちゃったんです。弥太郎は奉行所に訴えたのですが、庄屋のほうが地下浪人よりも偉かったので、奉行所は相手にしなかったんですね。

山崎▼**身分の差を理由に却下されてしまう**んですか……。

河合▼それで裁判はなしになりましたが、**我慢できなかった弥太郎が、奉行所の壁に落書きをした**んです。「贔屓しすぎだ」とか「賄賂をもらってる」といった悪口を。

山崎▼それは駄目ですね。

河合▼奉行所も気持ちは分かるので、その落書きを消し、弥太郎をとがめなかったんです。ところが弥太郎は、もう一回書いたんです。

山崎▼懲りないですねえ（笑）。

河合▼それでさすがに奉行所は怒って、**弥太郎を投獄**します。

山崎▼どのぐらいで出られたんですか？

伊東▼七か月ですね。

山崎▼まあまあ長いなぁ。「投獄された」ことが、身分の低さに続いて弥太郎にとって第二のピンチだったんですね。

獄中生活の中でも学びを

伊東▼ここで弥太郎は、またピンチをチャンスに変えていくんです。

山崎▼お。そうなんですね！

伊東▼独房じゃないから、いろんな人が入っていますよね。そこで後年にまで生きてくることを学びます。何だと思います？

山崎▼うーん、そのあと三菱をつくっているので、貨幣経済とかについて学んだとか？

伊東▼そんな大げさなものじゃないです。

山崎▼そこまでではなく？

伊東▼正解は、**算盤**《そろばん》です。地下浪人は算盤も習ったことがないぐらいの教育レベルだったので、弥太郎にとっては儲けものだったと思います。

河合▼普通、牢屋に入って絶望的な状況の中で新しいことを学ぼうとは考えられないですよね。でもここで**算術を学んだことが、その後の人生に生きてくる**んです。

伊東▼弥太郎から学んでほしいのは、**ピンチのときこそ視野を広げる**ということです。

人生を変えたキーマンたちとの出会い

河合▼無事に出所することができた弥太郎ですが、この段階では完全に許されたわけではなく、村には戻れなかったんです。別の村で謹慎処分になってしまいます。

山崎▼いばらの道に見えますね……。

河合▼でも、たまたま彼が謹慎していた村の近くに、吉田東洋という土佐藩ナンバー2の人がいました。吉田東洋は土佐藩の重役で、ちょうどその頃、ちょっとした悪事で謹慎処分になっていました。二人の謹慎先がたまたま近かったんです。それがきっかけで、**弥太郎は吉田東洋のところに弟子入り**します。そこには吉田東洋の甥で後継者でもある後藤象二郎《しょうじろう》もいて、**二人と知り合いになったことで彼は役人に取り立てられます**。

山崎▼いや、ラッキーすぎる！

河合▼何がきっかけになるか、分からないものですね。彼にはピンチをチャンスに変える力があったんです。

山崎▼しかも、**弥太郎はわりと運も強い**ですよね。

伊東▼はい、運もやたらと強いです。とくに人との出会いが彼を成功者へと導いていきます。

河合▼吉田東洋に抜擢されて役人になり、**長崎に行きます。算術を獄中で学んだことによって、貿易調査の担当を任される**んです。

山崎▼ということは、坂本龍馬に繋がるんじゃないですか？

河合▼素晴らしい着眼点ですね、そうなんです。

山崎▼めちゃめちゃラッキーじゃないですか！

河合▼はい。数年後に土佐藩の貿易を担う土佐商会の主任として長崎に行きますが、坂本龍馬がつくった海軍組織・海援隊《かいえんたい》が、たまたま土佐藩の所属だったので、そこで**龍馬と知り合います**。弥太郎は海援隊の会計係でもありました。

山崎▼いろいろなことを担っていたんですね。

河合▼坂本龍馬とも、何回もお酒を一緒に飲んでいます。わずか数か月ですが、すごく深い繋がりがあったようです。たぶんそこで**龍馬と、将来の夢を語り合って、龍馬のいろんな構想なども聞いている**と思います。龍馬に出会えたことは、のちに三菱をつくる大きな力になったのではないでしょうか。

第三章　波乱の勝機

■ 群雄割拠の海運業で、のし上がる

山崎▼そのあと、どういう流れで三菱を創設するんですか？

河合▼明治になって、土佐藩が大阪に船で物を運ぶ海運会社をつくります。ところが明治四年に廃藩置県《はいはんちけん》で藩がなくなってしまうので、その**遺産を引き受ける形で、三菱という海運会社をつくる**んです。

山崎▼ここでもラッキーですね！

伊東▼いや、これは必ずしもラッキーとは言えないんです。

河合▼その頃の海運業は、**ヨーロッパやアメリカの海運会社がどんどん日本に進出してきてしまって、ほぼ乗っ取られている状態**でした。政府としてはなんとか日本の手に戻したいということで、相当支援して、日本国郵便蒸気船会社という会社をつくるんです。

山崎▼それは弥太郎がつくった会社とは全く別の会社ですか？

河合▼全く別です。政府の保護下で三井財閥や渋沢栄一などが中心となって設立した、大きな会社なんです。弥太郎のつくった民間企業とはライバル関係になり、激しく競争します。

山崎▼でも、政府がバックボーンに付いている会社と戦うのは厳しいですよね。

河合▼そうですね。だから、とにかく**料金を安くしてサービスを良くします**。郵便蒸気船会社は政府の息がかかっているので、態度も高飛車でした。弥太郎は徹底的に、「お客さんに頭を下げてニコニコしろ」「武士の格好はやめて商人の格好をしろ」「お客さん第一でサービス一番だ」、そういう教育を行いました。

山崎▼従来の身分制度は気にするな、と。

河合▼そうです。例えば、どうしても武士としてのプライドが邪魔して人に頭が下げられないという重役がいたとき、弥太郎は「じゃあ君にこれを贈ろう」と言って扇子《せんす》を贈ったんです。扇子を開くと、真ん中に小判の絵が描いてあって、「お客さんが来たら、これを開いて、お金に頭を下げなさい」と。そうやって教育をしていきました。

山崎▼発想が面白いですね。

伊東▼やはりここが弥太郎のすごいところで、**自分たちの強みと相手の弱みを見極めています**。あるいは、「コア・コンピタンス」(競合他社にまねできない、自社だけの強み)という言葉がありますが、**自社のコア・コンピタンスを見極めて、そこを中心に他社との差別化を図っています**。それが**顧客サービス**でした。政府のつくった会社にはまねのできないコア・コンピタンスで、一点突破を図っていくわけです。

山崎▼すごーい! 策士だなあ。

河合▼わずか一年の間に急成長させて、ほぼ拮抗《きっこう》するんです。

ピンチはチャンス! 一代で海運王に

山崎▼海運業ではどのように飛躍していったんですか?

河合▼はい。**ターニングポイントは台湾出兵です**。

山崎▼台湾出兵は一八七四年(明治七年)、五十四人の日本人が殺されたことをきっかけに

河合▼台湾に出兵したという出来事ですね。どのような影響があったんですか？

山崎▼アメリカもイギリスも、日本で営業している自国の汽船会社に対して、「中立を保つために、日本の兵や食料は絶対に運んじゃいけないよ」と言うんです。そうなると政府としては、大きく支援をしている郵便蒸気船会社に、台湾への輸送を頼みますよね。

河合▼そうですよね。

山崎▼しかし郵便蒸気船会社は「やりません」と言ったんです。

河合▼え！　政府の要請を拒否したんですか！

山崎▼普通、政府の支援を受けているんだから、やるのが当然じゃないですか。でも、その輸送に関わってしまうと国内での競争に負けると思った。逆に、自分たちが断れば、三菱に話が行くだろうと。三菱がその仕事を引き受けたら、チャンスに乗じて国内の競争に勝っちゃおうって、そういう戦略で断ったんです。結局政府は、仕方なく三菱に頼みますよね。これが第三のピンチです。**もし引き受けたら国内の海運の勝負に負けてしまうかもしれないし、引き受けなかったら、政府からいじめられてしまうかもしれない**。

河合▼どっちに転んでも大変なんですね。

山崎▼そう。だから相当悩んだと思うんです。

河合▼賭けですね。安易にＯＫできない。会社倒産の可能性だってあります。

山崎▼弥太郎は最終的に**政府の依頼を全面的に引き受けて、見事にやりのけて、完全に成功**

したんです。

山崎▼大博打でしたね！　いいですね、好きです（笑）。

河合▼当時の内務卿だった大久保利通が本当に喜んで、**三菱に政府の船をどんどん貸したり、政府からものすごい援助を受ける**ようになります。

台湾出兵はウィンウィンだった

河合▼また、台湾までの航海を三菱の社員たちが経験することで、**操船《そうせん》技術が大きく向上**しました。社員たちの能力が一気に上がったんです。

山崎▼ウィンウィンじゃないですか！

河合▼そうなんです。いいことずくめ。この決断は、弥太郎にとっては一大決断でしたが、これを見事にやりとげたところに、彼の勝負どころがありました。

山崎▼いやぁ、かっこいい。その勢いのまま、**外国の汽船会社も買収**するんですよね。

河合▼政府の全面的な支援と三菱の高い技術で、日本で運営していた蒸気船の海運会社をどんどん、駆逐《くちく》してしまいます。明治十一年には、国内海運業シェアの七割ぐらいが三菱だったと言われています。

山崎▼日本一の海運会社に成長したんですね。

河合▼本当に、一代で海運王までのし上がっていくんです。

逆境でも諦めず、チャンスを離さない

河合▼僕は、もし台湾出兵のときの決断がなければ、おそらく三菱は今なかったんじゃないかなと思うんです。

伊東▼彼から学ぶことは、**逆境でも諦めない**ということですね。そして、とにかく食らいついたら離さない。**チャンスだと思うと、一気に勝負を掛ける瞬発力が桁違いです**。

河合▼彼はたぶん、ピンチが来たときにチャンスだと、自動的に判断して動くような、そういう人だったんじゃないかなと思います。

山崎▼たしかに。岩崎弥太郎って、何年か先のことを見据えて動いていたのがあとになって生きて、大きな花を咲かせたんだなあ。私も先を見据えて頑張ろうと思います。

河合▼彼は、**三菱は将来、絶対に世界の海運に進出して、世界中の国に三菱の旗を揚げてやる、三菱の発展はすなわち国家の発展だ、と大きなスケールで考えていた人**でした。目先の利益にとらわれがちで、目標が小さい事業家も多いと思いますが、国や世界を視野に入れていたのが、弥太郎でした。

山崎▼目先の小銭じゃなくて、ゆく先の億、万を。その考え、参考にしたいですね。

column

岩崎弥太郎 × 自己肯定感

私は、自己肯定感の低さを手数を打つことで補おうとしてきた。「人の倍以上努力をしないとスタート地点にすら立てない」という危機感は、拭えない不安と黙って向き合うしか策がないと思っていた。厳密に言うと、現時点での自己評価というよりも可能性への自信を持ちたかった。今できないことも、頑張ればいつかできる、というような、成長の実感が自分の支えとなっていた。それは、身分の低さを乗り越えるために学問を武器にした岩崎弥太郎に学んだことでもある。

でも、それでは努力の根底に「今の自分への否定」が付いて回ってしまった。加えて、何かができるようになると、その能力だけが愛されているのではないかという不安も生まれた。悔しさと焦りを握り潰すように、爪を立てて手に力を込めて能力向上に励んでも、磨かれていくのは自己有用感だけで、あるがままで生きられない弱さに気付くだけだった。

自己肯定感とは、「できることがあるというプライド」ではなくて、「できないときにも自分を肯定できる柔軟性」のことだと知った。むしろ、自己肯定感を「自分を好きになること」だと思うから難しいのであって、実際は「自分はここにいていいんだと思える場所を持つこと」のような気がしている。どんな状態でも受け入れてくれる人のそばにいたり、「この人と一緒にいる自分は好きになれる」と思える人と時間を過ごすことで、なんでもない自分を受け入れる、という成功体験が得られるのだろう。人に限らず、自分を肯定できるものを身につけるという方法も、回復力を高めてくれる。どれだけ時間が経っても変わらない、自分の構成要素として揺るぎないものを持つことは、私が私であるために大事なことだと思う。

矛盾しているように聞こえるかもしれないが、「肯定する」というのは「私」と「私以外」をしっかり分けて考えるということでもある。単純な善悪のジャッジから解き放たれて、あるがままを受け入れている状態のような気がする。

だから私は気軽に他人を褒めるし、いいと思ったことをすぐ伝えているうちに、自分のことも褒められるようになった。皆一様であれという日本社会では、自分自身を認めて評価するのは烏滸《おこ》がましいという空気感がある。だがその空気に合わせてばかりでは、いつまで経っても「自分なんて」という気持ちから抜け出せなくなる。

愛情は与えた分しか返ってこないようにできているのだ。素敵だと思ったら好きなだけ褒めて讃えて愛情を伝えればいいし、他者への肯定は自己肯定に繋がる。

逆に言えば、自分を肯定するために他者を否定する必要はない。そこから得られる優越感は長くは続かないし、何かを否定ばかりしていると、何かを褒めるときに別のものを貶《けな》すような言動をする癖がついてしまう。嫌だなと思うものからは静かに離れて「そういうのもあるよね」と思えばいい。一番良くないのは、自分以外の誰かを潰すことだ。

わざわざ否定してくる人の言葉は信じなくていいし、「できっこない」「意味がない」と言う大人に騙されてはいけない。承認欲求で自己肯定感を得ようとすれば軸の定まらない生き方になるし、安定していれば建設的な批評や議論だけを適切に受け止めて次に生かせる。

最初から結末が分かっていたら無駄のない人生になっていくけれど、一見すると無意味で役に立たないものが人生を彩ることもある。「自分には才能がないんだ」と諦めて道を閉ざすより、遠回りでも寄り道したほうが収穫はある。思考の余地があって、工夫しがいのある遊びの部分を〝豊かさ〟と呼ぶのだろうし、途中で「なんか違う」と感じたら素直に別のルートを検討すればいい。

今を肯定した上で「もっとこうしたい」と変化していけることが、幸せな努力の方向性だと思う。岩崎弥太郎も、自らの決断を肯定し続けていたに違いない。

まだ十代の頃、クイズ番組に出てみたいと明かした相手に投げつけられた「あなたには無理だ」という否定も、初出演から数年が経った頃に宇治原史規さんから言われた「あなたは大丈夫だから」という肯定も、胸のうちにしまってある。

そして今でも、収録後の手には爪の跡が赤く残る。うっすらと血管が透ける皮膚は、緩く弧を描いたそれをなかなか消してくれないし、眠る瞬間までずっと一緒だ。だが、両手に残された無数の赤い三日月は、今日のために頑張った私の勲章だ。翌朝には消えてなくなっているけれど、また君たちに会うまでの間隔は、短いほうがいい。

歴史のじかん

Rena Yamazaki

第十三回

渋沢栄一に学ぶお金の使い方

今回のテーマは渋沢栄一（一八四〇〜一九三一年）です。二〇二四年から発行される新一万円札の肖像画に選ばれたことで、近年注目が集まっている人ですよね。日本で初めて銀行をつくっただけでなく、彼が設立に携わった会社は今もたくさん残っています。不況にあえぐ現在の経済界では、今こそ、渋沢栄一の考え方を取り入れるべきだという声も多いそうです。ほかにも、メジャーリーグで二刀流として活躍しているあの選手の考え方にも、大きな影響を与えているんだとか。一体どんな人物だったのでしょうか。

今回の先生

井上潤さん（渋沢史料館館長）　三十五年間、渋沢栄一を研究。時おり渋沢栄一が自分に降りてくることがある。

本郷和人さん（東京大学史料編纂所教授）　著書に『乱と変の日本史』（祥伝社新書）など。渋沢栄一とはこれからもっと仲良くなっていきたい（財布の中で）。

第一章　意外と知られていない渋沢栄一の偉業

あらゆる事業を手掛けたスーパー実業家

井上▼渋沢栄一は、なかなか一言でお話しできるような人じゃないんですよ。本当にね、いろんなことをやりました。まず彼は、**経済が発展することを一番に考えた人**です。

山崎▼「**日本資本主義の父**」とも呼ばれていますもんね。

井上▼多くの会社をつくりました。ほかにも、**社会事業、福祉、医療、教育など、人々の生活に必要なものには全部手を付けたと言っても過言でない**くらい、さまざまな事業の立ち上げに貢献しました。どれぐらいの数の会社や事業に関わったと思いますか？

山崎▼**五百以上の企業の立ち上げに携わって、その六割が現在も残っている**と聞いたことがありますね。でも、企業が五百ぐらいだったら、事業も含めて八百ぐらいですかね……？

井上▼生涯関わった会社の数はおっしゃる通り約五百、そのほかの社会事業の数を数えると、約六百。**一人で千百の会社と事業に関わった**んです。

山崎▼千百!?

本郷▼すげえ。

井上▼事業を動かすためには、まずお金の流れをつくる必要があります。金融の基盤を確立させないと、会社はなかなかうまく軌道に乗らないですし。

山崎▼では、**最初に手を付けたのは銀行**ということですか？

井上▼はい。一八七三年（明治六年）、第一国立銀行という銀行をつくります。

山崎▼第一国立銀行、今でいうと？

井上▼みずほ銀行です。

山崎▼なるほど！　**今でも身近なところに、渋沢栄一が関わっていた企業がたくさんある**んですね。

事業を一番に考えてさまざまな立場で関わる

井上▼二番目に、どういった事業・企業を立ち上げたと思います？

山崎▼その時代に必要だったものですよね、インフラですか？

井上▼今もいろいろなところで使われていますよ。一時期、なくなるかもしれないなんて言われていましたが……。

山崎▼うーん、東京ガスとか？　でもガスはなくならないですよね……。答えは？

井上▼ガス会社も早い時期につくっていますが、正解は、紙をつくる会社です。一八七三年（明治六年）、抄紙《しょうし》会社を設立します。

山崎▼そうか、のちの王子製紙ですね！　でもなぜ製紙会社を早いうちにつくったんですか？

井上▼日本で初めて紙幣をつくるときに、当時の日本の技術ではつくれなくて、ドイツから機械を輸入しました。それを知った渋沢栄一が、紙幣を自国でつくれないというのは情けないと。当時大蔵省にいたこともあり、急いで紙をつくる部局をつくりました。しかし、お役所仕事はなかなか進まない。しびれを切らして民間で立ち上げたのが、抄紙会社でした。

山崎▼なるほど。ほかにもいろいろな企業に携わっているんですよね？

井上▼そうなんです。みずほ銀行、王子ホールディングス、日本製紙、東洋紡、秩父鉄道、京阪電気鉄道、日本郵船、帝国ホテル、東京証券取引所、東京ガス、太平洋セメント、いすゞ自動車、東京海上日動火災保険、清水建設、川崎重工業、日本製鉄、第一三共、大日本明治製糖、キリンビール、サッポロビールなど、今でも残っている大企業ばかりです。

山崎▼たくさんありますね！

井上▼これはほんの一部です。

山崎▼一社のトップになったというよりは、複数の企業の相談役というような立場で動いていたんですね。

井上▼はい。**企業のトップや相談役的な位置付け**であったり、**何か指導を求められたら対応**

する立場だったりと、いろいろな側面を持っていました。

山崎▼ということは、人を見る目もあったんですか？

井上▼はい。**事業に責任を持つ優秀な首脳陣がちゃんといるかどうかを見極める**と同時に、**実務に携わる人がしっかりしているかも重視**したそうです。個人的な感情は抜きにしてフラットに人を見ていたようで、例えば、自分が立ち上げた会社が乗っ取られそうになったとき、乗っ取りに来た人が優秀だったら、次の事業でその人を起用したり……。

山崎▼自分の利益ではなく、**事業自体を第一に考える人**だったんですね。

井上▼そのためにも、強い信頼関係を築くことを心掛ける人でした。

∷ 人材育成システムも構築

井上▼会社の中で人を育てるというシステムも、併せてつくっています。

本郷▼立派な人をヘッドハンティングで連れてくるだけではなく、自分のところで育てる。人材育成も大事ですよね。

山崎▼未来の日本に繋げるために動いていたように感じます。

井上▼まさにそうです。**将来に向かって、必要なことを見極める**。**そしてきちんと長く続けられるようなシステムを構築して、定着させる**。これが渋沢栄一の仕事だったんですよ。

本郷▼言うのは簡単ですが、社会構造がどんどん変わっていく状況を見極めないと、できないことですよね。

井上▼渋沢栄一は、非常に頭の柔らかい人だったので、その場その場で柔軟に適応できる能力がありました。

企業とは社会全体のものである

井上▼実業界で、渋沢栄一が一本貫いていたことがあります。それは、**財閥を築かなかった**ことです。

山崎▼あっ、たしかに……。

本郷▼第二次世界大戦前には、三菱、三井、住友、安田の四大財閥がありました。財閥は要するに、株を一族で独占するわけです。他の人には株を分けてあげない。もしそれを渋沢栄一がやっていたら、〝渋沢財閥の渋沢さん〟として、もっと有名になったかもしれません。

山崎▼三菱の創設者である岩崎弥太郎も、それでさらに有名になりましたよね。

井上▼だけど渋沢栄一は、**「企業というのは、自分だけのものではなく、社会のものである。社会の人々のものである」**という理念を持っていて、株を公開していたんです。

山崎▼資本主義の概念を広めて公益事業に携わりたいという気持ちと、資本を集める技術を未来に繋げていくという思い、両方あったんですね。

名著『論語と算盤』で語られていること

本郷▼渋沢栄一が書いた、『論語と算盤』という書籍があるんです。それを読むと、渋沢栄一がいかに偉いか、伝わると思います。**真心をもって、人の幸せを祈って、品物を届けることこそが商売だ**、と説いているんです。

井上▼彼自身、紀元前の中国の思想家・孔子の教えをまとめた書物**『論語』を規範にして生きていた**から、大きな間違いをすることがなかったと言っています。たしかに、論語の教えの中には、お金を儲けることや利益を追求することが悪いとは、一切書かれていないんです。ただ、**お金を儲ける際に、道徳や倫理に反することを、強く戒めている**。そこを理解しないと駄目だということです。

山崎▼「マネジメントの父」と呼ばれる経営学者のピーター・ドラッカー（一九〇九〜二〇〇五年）が渋沢栄一を尊敬していたというのは有名ですが、実は意外なところで、大谷翔平選手も尊敬しているんですよね。

本郷▼北海道日本ハムファイターズ時代の監督、栗山英樹さんは、大谷翔平選手に非常に大きな影響を与えているのですが、その**栗山さんが新入団選手みんなに『論語と算盤』**

を読めと手渡したらしいんです。大谷翔平選手もそれがきっかけで読んで、それ以来、愛読書にしているそうです。

山崎▼野球の技術書とかではなく？

本郷▼はい。魂の持ち方に表れていますよね。アメリカでは、大谷選手の人間性がすごく高く評価されています。彼はいつもにこにこして、ファンを裏切らない。もしかしたら、渋沢栄一の精神を心に刻みつけているからかもしれません。

お札の肖像になるのが遅れた理由

山崎▼日本近代化の功労者であるにもかかわらず、今までお札の肖像にならなかったのが不思議です。

本郷▼実は何度もお札の候補にはなっていましたが、なぜ落選してしまったのでしょう？

山崎▼なんでだろう……、え、もしや脱税とかですか？（笑）

本郷▼そんなことはない（笑）。

山崎▼でも、社会的に非がないと、ここまで素晴らしい方が落選するってことはないと思うんですよね……。

本郷▼（ヒゲを触る仕草）

山崎▼えっ、ヒゲ？　ヒゲが理由なんですか？

本郷▼はい。実は、渋沢栄一はヒゲが生えていません。以前は、ヒゲがないと偽札がつくられやすかったんです。昔の紙幣を思い浮かべてみてください。伊藤博文も夏目漱石もヒゲがあったでしょう？　偽造防止でヒゲがある人物が選ばれていたのですが、技術が進歩して、福沢諭吉からヒゲがいらなくなったんです。

山崎▼まさかのそこで落選したんですね。

第二章　実業家になったのは「故郷」と「家業」のおかげ？

堅実な商売をする父と、人に優しい母に学ぶ

山崎▼数々の偉業を成し遂げた渋沢栄一の生い立ちが気になります。実業家になる前は、どのように生まれ育ったのでしょう。

井上▼一八四〇年、今の埼玉県深谷市に、農家の長男として生まれます。

本郷▼結構な豪農でしたよね。

井上▼そうなんです。利根川の舟運《しゅううん》で非常に栄えている地域でした。南のほうには中山道の深谷宿という宿場町もあり、地域経済の要衝の地に挟まれていました。お父さんは非常に厳格な人で、**嘘をつかず道義に反しない経営で、家業はどんどん良くなっていっ**

たんです。

山崎▼ほう。

井上▼渋沢栄一はそれを身近で手伝いながら、**「間違いを起こさないで経営していけば、長く続くし、成長もする」**ということを自然な形で身につけていきます。

山崎▼成功例を幼い頃から身近で見ていたからこそ、経営の感覚が養われていったんですね。

井上▼お父さんは村のまとめ役もしていたので、**人をまとめるノウハウも、幼い頃から目の当たりにしていました**。

本郷▼人を使うことが、早いうちに身についていたんでしょうね。

井上▼はい。もう一つ、**お母さんが非常に慈悲深い人だった**ことも重要なポイントです。お母さんは、村の中で誰からも相手にされないような、病気で苦しんでいる人の面倒を見ていました。だからこそ渋沢栄一は福祉事業にも目を向けたんじゃないかと言われるほど、お母さんのＤＮＡも受け継いでいます。

山崎▼いいご両親だったんですね。ご両親の教えをその村におさまることなく、国のために役立てる渋沢栄一もすごいですよね。

井上▼そうなんです。また、若い頃の渋沢は、江戸や水戸から流れてくる新しい情報や攘夷の思想に、どんどん影響を受けていきます。

山崎▼渋沢栄一が若い頃は尊王攘夷運動が盛んでしたが、渋沢栄一も関わっていたんですか？

井上▼深く関わっていました。例えば、横浜の外国人居留地を焼き打ちしようとしました。

山崎▼えっ、意外と荒いですね。

本郷▼だから、ヤンキーだったのかもね（笑）。

山崎▼破天荒なところもあったんですね。

井上▼しかし、いろんな情報を集めて、これが本当に正しい道なのかきちんと判断して、最終的には尊王攘夷の思想を改めます。

十五代将軍徳川慶喜との関係性

山崎▼渋沢栄一のことを調べると、**第十五代将軍の徳川慶喜に仕えていた**という情報がありました。

井上▼はい。慶喜が渋沢の能力の高さを見て、採用しました。一橋家の財政などにも、辣腕を振るいます。

山崎▼慶喜に才能を見込まれたんですか、すごいです。

井上▼はい。それで幕臣になった一八六七年、フランス・パリで万国博覧会が開かれます。二十七歳の渋沢栄一は**使節団の庶務会計係に抜擢されて、パリに向かいます**。

山崎▼パリ万国博覧会は日本が初めて参加した国際博覧会ですね。世界各国から延べ千六百万人が参加しました。

本郷▼パリに行って、広い学識を身につけたんでしょうね。資本主義の在り方などを見てきたんだろうな。

井上▼パリから帰ってきてすぐに行ったのが、静岡でした。

山崎▼ん、なんで静岡に？

本郷▼徳川慶喜です。

井上▼渋沢栄一が帰国したときには、大政奉還により徳川慶喜は将軍職を解かれていました。

本郷▼それで、静岡で生活していたんです。**渋沢は、既に将軍ではなかった慶喜のところに、報告に行く**んですよ。

山崎▼いい人ですね。

本郷▼報告に行ったら、徳川慶喜は徳川慶喜で、これから、お前はお前の人生を生きなさいと、送り出します。

山崎▼慶喜も慶喜でいい人ですね。

亡くなる直前まで世の中のために動き続ける

山崎▼渋沢は、それまで経験してきたことを実業家人生の全てに費やしていますよね。何歳まで実業家として仕事をしていたんですか。

井上▼**実業の世界にいたのは七十歳頃まで**です。最後に手掛けていたのは、帝国劇場などの文化事業です。

山崎▼帝劇、あれも渋沢栄一なんですね。

井上▼女優の養成学校を立ち上げたばかりで、面倒を見たかったから、帝劇では役員をずっと続けました。

山崎▼そんなに長いこと仕事をするためには、体力づくりも必要ですね。

本郷▼毎朝お風呂に入っていたみたいですね。

山崎▼へぇ、そういう習慣だったんですね。

本郷▼それから、朝食にオートミールを食べていたらしいです。

井上▼**渋沢の屋敷の前には、朝六時ぐらいから、渋沢栄一にいろいろなお願いごとをしたい人たちが並ぶ**んですよ。

山崎▼六時ですか。私が大学に行く日に起きる時間ですね。普通は、六時から人の話、聞けないです。生涯現役でいらしたんですか？

井上▼亡くなったのは九十一歳です。**社会事業は私の義務であると言い切って、亡くなる直前まで、世の中のことを思い、世の中のために動き続けた人**でした。

■ 将来を見据えて、お金を使う

山崎▼今を生きる私たちが渋沢栄一から学ぶべきことは、何だと思いますか？

井上▼渋沢は何度も危機に直面していますが、そのときに**「事業を起こす際に一番必要なものは、絶大なる忍耐力」**という言葉を残しています。私はこの言葉に非常に影響を受けて、常日頃から、ここは忍耐だ、と言い聞かせています。

本郷▼**一見すぐに効果が出なくても、国家百年、二百年の先に、必ず花が咲き、実がなる、というところにお金をつぎ込む姿勢**です。そういうことをやってくれないと、大学教育はなかなか成り立たないですからね。

井上▼**将来を見据えて、みんなのためにお金を使う**渋沢の考え方は、いま一度見習うべきだと思います。

column

渋沢栄一×二〇二〇年

古くから、社会の大きな変革期には、とんでもない思想家や事業家が登場します。日本が大きく変わった明治初期にも、そういったパイオニアが何人もいました。しかも、彼らは実は驚くほど若く、私とあまり変わりません。大政奉還時、坂本龍馬は三十一歳、伊藤博文は二十六歳。この回の主人公である渋沢栄一は、二十七歳でした。彼はパリ万博へ随行したのち、株式会社という新しい概念とシステムを日本で応用し、それが日本経済の礎となりました。

約百五十年前、日本は鎖国体制を解き、大政奉還により明治政府が生まれ、社会システムの改革が急速に取り行われました。明治維新とは、わずか四半世紀で起きた、とてつもなく目まぐるしい時代の大転換だったのです。

世の中の「当たり前」を進化させるために結果を出し、世間に認められたとき、それまで少数派とされてきた思想や仕組みはやっと一般的になります。前に進むためには、バイタリティに溢れ、リスクを恐れずに実行できる若者たちが必要だったのでしょう。

「聖人は物に凝滞《ぎょうたい》せず」。これは、中国戦国時代の詩集『楚辞』の「漁夫《ぎょほ》」にある言葉で、聖人は時勢を知って自然に身を処し、物にこだわらないという意味です。

私の実感ですが、たしかに頑固でなかなか動かない人って、それだけで少しチャンスを逃している気がします。もちろん、何事も感情のままに動くのはリスクが大きすぎる。でも、自分の一挙手一投足がどのように繋がっていくかは、誰にも予測がつきません。経験を重ねると、もっと良くするためにはどうしたらいいか、改善点が分かるようになる。完璧を求めすぎて実践をためらってばかりだと、何も得られません。あるいは、自分を精神的に追い詰めてしまう可能性だってある。

実際にやってみないと分からないこともあると思います。やらずに後悔するより、やって後悔したほうが収穫がある。やらなくて何も残らないよりは、マシじゃないですか？

……と言っても、実際に社会が刻一刻と変化していく中で、渋沢栄一たちは「どうしよう」なんて言っている場合じゃなかったんだろうなぁ。

そして、明治維新の特異な点は、「武器」にあると思います。これほど急速かつ大きな社会変革だったにもかかわらず、フランス革命などの近代革命と比べて、圧倒的に死者が少ないと聞きました。それは、江戸無血開城をはじめ、刀や銃といった物理的な武力よりも「言葉」を大切にした人が増えたからだと思います。

新しい時代を切り開こうとした者たちは、「言葉」によって正しく認識し、「言葉」を磨くことで認識の精度を上げていきました。そして「言葉」を使って思想を伝えることで同志を増やし、世の中の仕組みや潮流を変えていこうと試みたのです。

戦国時代、武士の武器は「刀」でした。明治維新以降、人々の武器は「言葉」だったのかもしれません。そうなることで何が起きたかというと、価値観や世界観で人を動かすことができるようになり、資本ではなく「信用」を担保する時代が一部で生まれました。さらに、渋沢栄一もこのような言葉を残しています。

「事業には信用が第一である。世間の信用を得るには、世間を信用することだ。個人も同じである。自分が相手を疑いながら、自分を信用せよとは虫のいい話だ」

——二〇二〇年。新型コロナウイルス感染症の世界的な流行によって、これまでの「当たり前」が、当たり前ではなくなりました。明治維新以来、これまでの伝統や慣習が根底から問われ、新しい価値観が力を持つ瞬間は、指で数えられるほどしかないはず。

新しい時代を生き抜こうとすると、自分の考えや言葉に迷うこともあるでしょう。むしろ、予測が難しい状況下をずっと迷いながら生きていくのかもしれません。

絶対的な物差しがないときこそ、私は歴史を振り返ってみようと思っています。

孔子の『論語』に渋沢栄一が影響を受けていることは有名ですが、いつの時代においても本というものは偉大だと思います。時間や場所なんて関係なくて、わざわざ会いに行かなくても、本を読めば筆者の思考や知識から学ぶことができます。

特に、成功だけでなく失敗からも学べるのは、本当の意味で歴史を学ぶ強みだと思います。目の前の問題とは無関係に見えたとしても、のちに物事を考えるときの「参照の枠組み」として大きく影響する場合もあります。過去に出た答えをただ知るのではなく、先人たちの思考や研究結果を通して、新たな視点を創造できるのではないでしょうか。

これからの時代では、「皆が良いと言っているから良い」ではなく、物事に対して「何をどう感じたのか」という〝自分の感覚を言葉にする力〟が求められます。自ら考えた言葉を明確に持ち、時には提示し、少しずつでも行動することは、世界がどう変わっていこうと揺るぎない武器になって、あなたを助けてくれるはず。

歴史のじかん

Rena Yamazaki

第十四回

今さら聞けない太宰治の話をしよう

二〇一九年に生誕一一〇年を迎えた太宰治。『人間失格』『走れメロス』『斜陽』などたくさんの作品を世に残した、言わずと知れた人気作家です。太宰治の作品に対しての一般的なイメージは、少々暗くてネガティブでナルシスト、といったものが多いのではないでしょうか。ちなみに、私の太宰治との出会いは中学二年生の頃でした。英語の先生の愛読書が太宰治だったんです。

なぜ亡くなって七十年以上経った今もなお、人々に愛されているのでしょうか。

今回の先生

山口俊雄さん（日本女子大学文学部教授）　太宰治を最初に読んだのは中学一、二年生の頃。今で言う「中二病」のときに、友達から薦められた『人間失格』にはまった。

木村綾子さん（作家）　十八歳のときに『人間失格』に出合って「私の挫折なんてたいしたことないじゃないか」という気持ちになり、救われた。

第一章　太宰が愛され続ける理由

■十六歳にして小説を執筆、学業のかたわら書き続けるも……

山崎▼さっそくですが、太宰治の略歴を教えてください。

山口▼太宰治は一九〇九年に青森県の金木《かなぎ》というところで生まれました。十人兄弟の六男として、非常に豊かな資産家の家に生まれます。十四歳で中学校に入学して、井伏鱒二の小説『幽閉』を読んで感動します。ちなみに数年後、東京に行ってからは井伏に弟子入りしています。同時代の文学に目覚めていた太宰治は、自分でも小説を書き始めて、一九二五年、十六歳のときに、最初の作品『最後の太閤』を発表します。一九三〇年に高校を卒業すると、東京帝国大学に入学し、それがきっかけで上京します。

山崎▼十六歳という年齢で、最初の小説を書いたんですね。

木村▼はい。ただ上京した年、二十一歳のときに、太宰は実家から分家除籍、いわゆる勘当をされてしまうんです。しかし、それでも太宰は小説を書くことを諦めませんでした。初期作品には、書くことで、自分を確立するぞ。社会に立ち向かっていくぞ。という気概すら読み取れます。実家に対して「勘当されても、自分は東京でこれだけ頑張ってるんだぞ」という思いを伝えたい気持ちもあったと思います。ちょうど太宰が二十六歳のときに芥川賞が創設され、その第一回に応募しています。

山崎▼活動的だったんですね。あまりそのイメージがなかったです。

木村▼でも、**満を持して応募した芥川賞に、残念ながら落選してしまう**んです。その理由が「私生活」。彼の私生活が問題視されて、作品に悪影響を与えてしまったんです。太宰自身は作品を評価されたかったのに、プライベートを評価されてしまったことに激怒して、**腹いせとして選考委員の川端康成に「刺す」という手紙を送ったり**……。

山崎▼えっ！ **「刺す」**!?

木村▼そういう行きすぎた行動で、太宰はどんどん文壇から孤立していってしまいます。一時期は、書けない時代もありました。二十七歳でなんとか出せた**デビュー作『晩年』は、実は自費出版だった**んです。

山崎▼苦しかったでしょうね。親たちからは離れ、なかなか小説は売れず、さらに自分の評価も落ちてしまって、孤立。

木村▼ただ、なぜ自費出版ができたかというと、太宰治のお家はお金持ちだったからです、ものすごく。

山崎▼あれ？　でも勘当されてますよね？

木村▼そうなんですが……簡単に言うと、**裏ルートで実家から仕送りはずっともらっていました**。今でいうと三十万円以上のお金を、三十六、七歳になるくらいまで送り届けてもらっていたそうです。

山崎▼うそ⁉　三十六、七歳までですか⁉

三十七歳までスネかじりのダメ男

山口▼一九三〇年に小山初代という人と結婚を決めましたが、正式に籍は入れておらず、内縁の妻という形です。

木村▼この小山初代さんは、太宰が高校時代に義太夫や芸子遊びにはまっていたときに知り合った芸子さんでした。

山崎▼内縁とはいえ妻をもらったのに、職にはつかないってことですか？

木村▼太宰は実家からお金をもらっていて〝困っていない〟ので、だらしないところはありました。例えば、家庭があるのに僅かな原稿収入さえ家に入れずに、全て自分のお小遣い代わりとして使っていました。

山崎▼そんな旦那さん、私はちょっと嫌です（笑）。

木村▼もう一つのエピソードは、〝国民の義務〟です。生前を通して、税金を一度も納めた記録がなくて……。

山崎▼納税を全くしなかったんですか⁉

木村▼当時、太宰治が原稿収入でどれくらいもらっていたかは明らかではないのですが、ものすごく分かりやすいエピソードがあります。一九四七年の作品で、敗戦によって没落した貴族をテーマにした小説『斜陽』が、ベストセラーになりました。ものすごい売れ行きの結果、翌年に来た所得税の請求額が、今でいう一千万円以上だったそうです。

山崎▼（絶句）

木村▼ただ、払わなかった太宰の言い分もありまして。「小説を書くためには、たくさんの経費が必要なんだ。俺には、タバコも要るし酒も要る。女と遊ぶ金も必要だ。それを全て使って小説を生み出しているんだ」と。

山崎▼いや遊びじゃないですか（笑）。

木村▼しかも、それを実際に書いて〝嘆願書〟として税務署に送ってしまったんです。

山崎▼**納税したくなくて嘆願書まで出した**とは……。何でもかんでも自分の要求、鬱憤、不満を文章にできてしまうあたりは、作家さんらしい感じがしますが……。

太宰の恋愛と自殺

山崎▼太宰治は、私生活も乱れていて、**何度も自殺や心中をはかっています**よね。実際は何回くらい心中を試みているんですか？

木村▼自殺未遂は四回です。

山崎▼ともに心中をはかった女性たちも、何人もいたと思うんですけれども。

山口▼睡眠薬で、田辺あつみと心中をはかり、あつみだけが死亡。これは、知り合ってまだ数日のことだったと思います。

山崎▼数日!?

山口▼田辺あつみは、カフェの女給さんです。

山崎▼カフェの女給さんと、数日で!?　え!?

山口▼これについてもいろんなことが言われています。本当は心中未遂で終わるつもりだったんじゃないかっていう説は多いですね。次が、内縁の妻である小山初代さんと心中。小山初代さんが不倫をしていたっていうことが分かって……。

山崎▼奥さんが不倫をしていて、それで太宰と心中しようっていう気持ち、私には分からないです。でも結果的に未遂に終わって離別してるんですね。

山口▼そうですね、もうすぐに別れちゃいました。

山崎▼さらに二年後には、次の結婚ですよね。

山口▼そうですね。

山崎▼スパンが早いですね。付き合うのと同じくらいのリズム感で結婚していますよね（笑）。しかも二度目の結婚をしたその二年後に、また違う女性が出てくるじゃないですか。で、さらに、結婚していない女性との間に子どもが生まれて……。女性の登場人物が多すぎて、もうよく分からない（笑）。えぐい。

山口▼はい。えぐいですね。太宰って、三十八歳で亡くなってます。誕生日の数日前に玉川上水でさらにまた別の女性と入水。遺体が発見されたのは、彼の三十九歳の誕生日でした。

山崎▼**まさに小説の主人公のような人生**ですね……大変だなぁ。

ダメ男・太宰の人気が衰えない理由

木村▼女性の気持ちとしては、彼の書く文学に惚れてしまうって部分はあると思います。

山崎▼たしかに、太宰治の作品を読むと、心理描写がとても細かくて、**「なんでこんなに私の気持ちが分かるの？」みたいに思う女性も少なからずいた**んだろうなとは想像がつきます。

木村▼山崎さんは、太宰みたいな人が近くにいたらどうですか？　道ならぬ恋みたいな、ちょっと危ない恋みたいなものには、惹かれないタイプですか？

山崎▼ないないないない、ないです。

木村▼しっかりしてる（笑）。

山崎▼太宰の人気が、現代においてもいまだに衰えない理由って、何だと思いますか？　**いつの時代も、若者の共感を得てきた**、という印象がありますが。

山口▼太宰の場合は、年を取って円熟味が出たということではなく、三十代で生命が絶たれて、作家の仕事も終わっています。〝人生を知った人〟が上から目線で語るんじゃなくて、**若い人の目線で弱さをさらけ出している**。そういうところが古びないので、普遍性があってずっと読まれてきたのかな、という気がします。

木村▼太宰の人気は、特にこの十年間で大きく変化したように思うんです。SNSが普及して、個人が自分の言葉で情報を発信するっていう文化が普通になりましたよね。そういった中で、例えば「Twitter上に存在する「太宰治bot」のように、太宰治の作中の言葉を引用してツイートするアカウントがあって。他のユーザーは、自分でつぶやかなくても、「太宰治bot」のセリフが今の自分の気持ちに合うなと思ったら、リツイートしたり、引用してツイートしたりしますよね。

山崎▼自分の感情に太宰の言葉を当てはめることで、ただ太宰の小説を読むだけじゃなく、**〝感情の発信〟として太宰を利用できるようになった**んですね。**SNSを通して太宰の言葉が広がった**んですね。

■山崎におすすめしたい太宰作品――木村さんより

木村▼『**恥**』。これは、いわゆるファン心理を巧みに描いた小説です。

山崎▼じゃあファンの皆さんも読んでください（笑）。

木村▼ある女性が送る手紙の「菊子さん。恥をかいちゃったわよ。ひどい恥をかきました」という一文から始まるんです。主人公の女性は、「戸田」という小説家に心酔しているが、彼は、自らの身辺事情、外見の悪さ、素行の悪さみたいなことをネタに、下品で不名誉なことばかりを小説に書いている。自虐的な小説ばかり書いているせいで、読者からの共感も得られないし、女性から嫌われている。だけど、そんななかで主人公は、「私だけは、あなたの良さを分かってます。でも私がこのことを友達に言ったら、私の人間性を否定されてしまうから、私があなたを好きなことはどうか黙っていてください……」という手紙を、あえて「戸田」という作家に送りました。

山崎▼戸田の気持ち、複雑ですね。褒められているんだか、けなされているんだか……。

木村▼すると、次の戸田の小説に、名前、性別、年齢、境遇までそっくりそのまま自分と同じ主人公が出てくるんです。「手紙は匿名で書いたのに、なんで私のことが分かったの？」と思った彼女は「運命だ！」と直感し、満を持して「戸田」に会いに行く。ただ、彼女は戸田という作家の身なりのみすぼらしさや、生活の貧しさを知っているので、あえて貧乏ったらしい格好をして、不細工な身なりにして、前歯の差し歯まで抜いて、彼に釣り合うように会いに行くんです。けれど、迎えられた戸田という作家はものすごく立派な家に住んでいるし、君のことなんて知りませんけど、と全く相手にしてくれない。そこで読者としての彼女は裏切られたって思うわけです。

山崎▼面白いですね、もう面白いですもん。読んでいないのに（笑）。

山崎におすすめしたい太宰作品――山口さんより

山口▼私からの推薦は、『十二月八日』です。一九四一年十二月八日って、太平洋戦争が始まった日。つまり、真珠湾攻撃の、開戦の日のことを描いた作品です。この本が出た頃は言論統制があり、戦争が嫌いだなんてなかなか言えなかった時代です。国がやってることを素晴らしいって言わないと作品の発表もできない時代。ところがこの小説をよく読むと、戦争がいやだっていうメッセージが読み取れちゃう。もちろん、戦争が始まった、頑張ろう！　っていう、戦争万歳の描き方をしていて、ダブルメッセージになっている。それをぜひ味わってほしいです。

山崎▼今の時代を生きている若い世代だからこそ読む価値がありそうですね。

第二章　太宰が認められたきっかけ

太宰治のイメージ

山崎▼これだけ多種多様な作品があるのに、なぜそれでも太宰治＝『人間失格』のイメージがあるのでしょうか。

木村▼『人間失格』を書き終えた直後、実際に太宰が死んでしまった。なので『人間失格』は太宰にとっての遺書であり、自伝なのではないかという読まれ方をされたんです。それが長いこと続いているっていう印象があります。

山崎▼遺作に対する人々の注目も集まったからこそ、その印象だけがどんどん膨らんで強くなってしまったんですね。

木村▼加えて、太宰はデビュー当時からずっと、**作品の主人公と太宰自身が重ねて読まれてしまっていた。**「自分のことばかりを書いている作家だ」と言われてしまい、まさにこれが太宰のイメージにも直結していると思います。でも、そこから打開するために、太宰はある手法を考えて小説を書くことに決めました。どんな手法だったか分かりますか？

山崎▼なんですかね……。「女性目線」で書く！　とか。

山口・木村▼そのとおりです！

木村▼太宰は作品の主人公と自分を重ねられないように、**主人公を自分とは対極にいる女性にし、脇役に自分を投影しました。**この「**女性独白体**」という手法を見出してからは筆が早くなって、たくさんの小説を書くようになり、原稿収入も安定するようになりました。

山崎▼そのユーモアが強烈で、繊細で、戦略的ですよね。

第三章　心に刺さった太宰の一節

山崎▼心に刺さった太宰の一節について教えてください。

木村▼「**女って、こんなものです。言えない秘密を持って居ります。だって、それは女の「生れつき」ですもの。泥沼を、きっと一つずつ持って居ります**」。これは、『皮膚と心』という作品に出てくる一節なんですけれども、私はこれを読んだときに「なんで知ってるの？」「書かれてしまった！　秘密にしてたのに！」っていう気持ちになりました。私は子どもの頃、どちらかというと秘密を抱えることが苦手なタイプで、友達にミステリアスな子がいると、ものすごく色気を感じたり、大人っぽいなあって思ってたんです。年を経て、実際に私も人に言えない秘密を持つようになって、そんなときにこの一節に出合いました。年齢を重ねるごとに、言葉に自分の体重が乗っかるというか、深みを増していってますね。山崎さんはどうですか？

山崎▼どうですか!?（笑）大概のこと言っちゃってるからなぁ。……だから色気ないんだろうなぁ（笑）。

木村▼私は、**こんなことを男性作家に書かれてしまったら、もう太刀打ちできない**なって思ってしまいました。

山崎▼たしかに。では続いて、山口先生が選んだ太宰治の一節、お願いします。

山口▼「**おやすみなさい。私は、王子さまのいないシンデレラ姫。あたし、東京の、どこにいるか、ごぞんじですか？　もう、ふたたびお目にかかりません**」。これは、有名な『女生徒』の最後の部分です。女学生の一日を、ある意味「のぞき見」するかのように書いた作品です。でも最後に、女学生が急にこっちを振り向き、思わせぶりに「私は王子さまのいないシンデレラ姫」と言う。のぞき見していたほうとしては「王子さまになってくれないか」ってことかなと勝手に思い始めますよね。しかも、所在を知っているかと聞いてくる。どこにいるか知らなきゃいけないのか、アプローチしたほうがいいのか……。

山崎▼**こっちがのぞき見しているつもりだったのに、向こうは実は気付いていて、でも最後に拒絶しているようにも見える**。この女学生、人をたぶらかすのが上手いなぁ。

山口▼どう受け止めたらいいのか、謎で終わりますけれども、これは非常に刺さりました。

山崎▼木村さんから、もう一節、お願いします。

木村▼「**恋愛は、チャンスでないと思う。私はそれを、意志だと思う**」……え、山崎さんなんで笑うんですか？（笑）

山崎▼ちょっと面白くて（笑）。でも、「私は」って書いてるってことは、**太宰が珍しく自分自身の恋愛論を語っている**一節だなという風に思うんですけれど。

木村▼まさにそうなんです！　あれだけスキャンダラスな人生を歩んできたのに、まるで専門家みたいなテンションで、恋愛のなんたるかをドヤ顔で語ってる太宰が想像できて、笑っちゃうんですけど、核心突いてますよね。

山崎▼はっきり言い切っていますもんね。

木村▼今って、若者の恋愛離れ、とか草食化なんて言われてるじゃないですか。そういう方に、まさにこの文章を届けたいですね。

山崎▼この一節はどの作品に出てくるんですか？

木村▼まさに『チャンス』という小説に出てきます。いかにチャンスが転がっていても、僕は恋に落ちなかったっていうことを書いている。つまりチャンスが転がっていても本人の意志がない限り、恋愛は始まらないと。いかがですか？

山崎▼さっきから「いかがですか」っていっぱい聞かれますが……現役アイドルに聞くことじゃないです！（笑）

column

太宰治×恋愛

「現役アイドルに聞くことじゃないです」

って逃げたことを、後悔している。というのも、木村先生の「いかがですか？」は、女性としての質問だったはずだ。収録当時の私は恥と保身に走りすぎていて、曖昧な回答ばかりしていた。ここ最近まで「恋愛ソングを歌うアイドル」という矛盾した組み合わせに全く違和感を覚えずに歌い続けてきたのも頷ける。

職業柄も大いに影響していると思うが、大人になるにつれて恋愛観を面と向かって聞くことも聞かれることも少なくなった。学生の頃は恋バナに花を咲かせていたのに、今やメイントピックは健康や仕事にすり替わってしまった。せっかくの機会なので、太宰の恋愛観を受けて考えたことを書き残したい。

恋に落ちて、追いかけたり追いかけられたりする感覚が分からないのは、「恋愛は、チャンスでないと思う。私はそれを、意志だと思う」（太宰治『チャンス』より）という言葉に理由の全てが集約されている。

チャンスに身を任せて急展開する恋よりも、だんだん近づいて自然と馴染んでいるみたいに、一緒に歩くような恋があってもいいと思う。私にとっては、お互いを見つめ合うよりも、同じ一つの方角を見据え、同じ希望を持ちながら日々を生きている実感のほうをもっと大事にしたい。

恋の魔法抜きで許容できる相手を選びたいし、まっすぐそのまま相手の存在を尊重するということが、愛だと思う。人は誰だって誰かのヒーローになれるが、四六時中ヒーローではいられない。優しい人でありたいと思っていても、生きていれば角が立ってしまうことだってある。そういうとき、ダサさも含めて肯定してくれる存在がいるだけで、救われる。すごいね偉いねと褒められるよりも、ただ存在を認めてもらえるほうが、有難い。

大事な人と生きていきたいし、労わり合いたい。だがそのために必要なのは、相手に自分の存在意義を預けないことだと思う。人間は他人の人生に責任を取れるものでもない。自分の幸福を相手に預けっぱなしにするのではなく、相手の幸福は相手のもので、自分の幸福は自分のものとする。相手の幸せを願いながら、自分も自分自身の幸せを築いていく人でありたい。互いに相手の輝きに依存せず、自分を信じてあげられたら、どちらかが切羽詰まったときも健やかな方向に軌道修正するためのお手伝いはできる。

言ってしまえば、相手へのリスペクトを持ち続けていれば、全ての恋においてお互いに気持ちを伝える必要はないのかもしれない。ずっと好きでいることは誰にもできないように、ずっと好きでいてもらうことも難しい。そもそも恋愛で成り立つ不安定な関係性を「お互いに歩み寄る努力」と考えるから苦しいのだ。ただ相手が相手らしく、楽しく幸福に生きられるのならそれで良い。

恋愛に限らず、本気で大切に思っているからこそ、あえて好きだと伝えない選択を取る「我慢」のような感覚がある。連絡しないけどいつも考えていたり、心の中に鍵をかけ、伝えないまま少しずつ消えていく恋もあると思う。恋は静かに終わろうとするものだ。

太宰の言葉を借りれば、「『もののはずみ』とか『ひょんな事』とかいうのは、非常にいやらしいものである。それは皆、拙劣きわまる演技でしかない」（太宰治『チャンス』より）。だとすると、冷静に気持ちが引いていく瞬間は「もののはずみ」ではなく熟考の果ての決意であり、意外と頭が冷めている。

育った環境が異なれば、自ずと好みも異なってくる。時々交わったりすれ違ったりするのは必然で、その違いを楽しむことが、人と人とが付き合うことの醍醐味だと思う。自分とは全然違う感性やバックボーンを持った者同士が深く関わることによって、視野や物の見方が広がったり変わっていったりする。そのリスペクト精神が人付き合いの魅力であり、面白さではないのだろうか。

「なるほどそういう考え方もあるのか！」と思える相手には絶対に勝てないし、尊敬し合える関係性は憧れる。ただ、まったく為にならなくて、わざわざ言語化したくないほど無意味で、取るに足らない話をする時間も愛おしい。

「良い恋の定義」は分からないけれど、恋愛が大事なのではなくて、人生を豊かで大切なものにしてくれる選択肢の一つに恋愛があるのだと思う。身を委ね過ぎず、時にはゆるやかにもたれて、調和できる人と生きていきたい。そして自分自身も、優しくて愛のある人でありたい。

歴史のじかん

Rena Yamazaki

あとがき

昔から、頭で考えている事がすごく多い人間でした。
膨大な量の思いを口にしてしまったら、引かれてしまうのではないか。
その不安が拭えず、「思っているけど言わなかった事」が溜まっていった矢先。
出版のお話をいただいたときには、胸が躍りました。
ありったけの愛を、堂々と言葉にしても良いんだ！と目を輝かせた当時、私は
まだ気付いていなかったのです。書きたいことがある、ということと、書ける、ということは、
全くの別物でした。壁にぶつかり、遠回りしているうちに、数ヶ月前の
自分が書いた文章が、今は全くしっくり来ない、なんて事もありました。
ただ、その経験をさせてもらえたからこそ、言葉への意識や、
本を執筆されている方々への敬意が増したり、困難を面白がる事もできたような
気がしています。
この機会を与えて下さった幻冬舎代表取締役の見城徹さん、
不器用な私にずっと向き合って下さった編集者の袖山さんと黒川さん、
マネージャーの小林さん、そしてこの本を手に取って下さった皆様、
本当に有難うございました。

2020年12月24日　乃木坂46 山崎怜奈

◈この本に登場してくださった先生方

一坂太郎、伊東潤、井上潤、冲方丁、小和田哲男、河合敦、木村綾子、黒田基樹、呉座勇一、齊藤幸一、乃至政彦、橋場日月、堀口茉純、本郷和人、宮下玄覇、母利美和、安田清人、山口俊雄、山本博文

（敬称略）

本書は2019年5月9日から2020年5月28日までひかりTV・dTVチャンネルで配信された「乃木坂46山崎怜奈 歴史のじかん」全50回の中から14回分を抜粋し、書籍化したものです。コラムは全て書き下ろしです。

乃木坂46STAFF

TOTAL PRODUCER　秋元康

PRODUCER　秋元伸介、磯野久美子（Y&N Brothers Inc.）

ASSISTANT PRODUCER　中根美里（Y&N Brothers Inc.）

ARTIST PRODUCER　今野義雄（乃木坂46合同会社）

ARTIST MANAGER IN CHIEF　菊地友（乃木坂46合同会社）

ARTIST MANAGER　小林未歩（乃木坂46合同会社）

BOOK STAFF

ART DIRECTION & DESIGN　bookwall

PHOTOGRAPHER　下村しのぶ

STYLIST　菅野悠

HAIR & MAKE-UP　稲葉紀和

EDITOR　菊地朱雅子、袖山満一子、黒川美聡（幻冬舎）

SPECIAL THANKS　株式会社NTTぷらら、戦国フォトスタジオSAMURAI

歴史のじかん

2021年2月10日　第1刷発行
2021年2月25日　第3刷発行

著　者　山崎怜奈

発行人　見城 徹

編集人　菊地朱雅子

編集者　袖山満一子　黒川美聡

発行所　株式会社 幻冬舎
〒151-0051 東京都渋谷区千駄ヶ谷4-9-7
電話　03(5411)6211(編集)　03(5411)6222(営業)
振替　00120-8-767643

印刷・製本所　株式会社 光邦

検印廃止

ISBN978-4-344-03717-5　C0095
幻冬舎ホームページアドレス　https://www.gentosha.co.jp/

この本に関するご意見・ご感想をメールでお寄せいただく場合は、
comment@gentosha.co.jpまで。